Spiritual Culture
青心文化

在阅读中疗愈·在疗愈中成长

READING&HEALING&GROWING

成为教练型父母

扫码关注，回复书名，聆听专业音频讲解
教孩子爱上他们自己的人生！

成为
教练型父母

钱昱竹　著

中国青年出版社

推荐序一

一项构建家庭教育知识体系的可贵探索

20世纪80年代以来，社会呈现科技迅速发展、竞争日益加剧、多元文化冲突等基本特点，不仅对社会成员的能力和工作时间提出了更高的要求，也对家庭的结构和形态产生了重大影响。在这一背景下，家庭教育也面临着隔代带养、单亲教养、留守儿童或流动儿童、价值观偏移、性教育缺失、网络成瘾等一系列新问题。针对这些问题，国家越来越重视对家庭教育的指导，继2015年教育部出台《教育部关于加强家庭教育工作的指导意见》、2016年国务院发布《关于加强农村留守儿童关爱保护工作的意见》之后，我国政府于2021年10月颁布《中华人民共和国家庭教育促进法》，明确未成年人的父母或者其他监护人负责实施家庭教育，承担主体责任，国家和社会为家庭教育提供指导、支持和服务，主要包括设立家长学校、成立研究机构、创办刊物、出版书籍，等等。

从现实情况看，我国家庭教育中普遍存在祖辈参与，甚至主导儿童带养的现象，不仅导致父母教育职能弱化，而且为家校合作共育带来困难。在父母教养孩子的家庭中，也广泛存在父亲缺位、母亲越位等不利于孩子健康成长的现象，这不仅使孩子出现自卑心理，缺乏安全感，缺失生活自理能力，而且导致家庭成员关系的错位和紊乱，严重的还会导致夫妻关系破裂。

随着互联网的普及和自媒体的蓬勃发展，家庭教育知识的传播也进入全媒体时代，家长们随时随地都可以获得各种各样的家庭教育知识。然而，不同家庭在社会经济地位、家庭结构、父母的成长经历和性格、孩子的性格等方面存在着广泛的差异，家庭教育知识具有复杂性、多样性、动态性、开放性等特点，大部分家庭教育知识只是从成人视角出发，在个人经验的基础上提供碎片化的现象描述或经验总结，普遍存在主观臆断、以偏概全的现象，对同一问题的认识和建议也大量交织着矛盾和冲突，常常使读者莫衷一是、左右为难。以现代生理学、心理学、社会学和教育学等相关学科为基础，并结合我国传统文化基础，建构具有中国特色的家庭教育知识体系，已经成为当前我国家庭教育研究和实践中一项刻不容缓的任务。

家庭教育知识体系的核心，是生命终身成长和发展的知识，不仅要考虑个体婴儿期、幼儿期、少年期、青春期的成长和发展，而且要考虑青年期、成人期、老年期的成长和发展；不仅要关注孩子的成长和发展，也要关注父母的成长和发展。从深层次看，家庭教育知识体系必须在深刻理解人的本质属性的基础上，厘清人类行为的内部动机，说明本能、情感和理性在个体生命成长中的作用，以及三者之间相互作用、相互依存的复杂关系。

20世纪以前，西方哲学家相信人的行为主要是由理性支配的，认为只要充分运用理性，就能造就理想的人，创造理想的社会。然而，在20世纪初，弗洛伊德提出以本能为基础的动机理论和麦独孤强调本能在人的行为中起主导作用，使得人们否认人的行为是理性选择的结果，转而寻找各种本能来解释人的行为。随着行为主义的兴起，本能论逐渐衰落，多数心理学家将行为看成是后天学习的结果。行为主义心理学家起初完全否认本能的存在，但很快就在研究外部动机的同时，不得不考虑由生理需求而引发的内驱力，用另一种形式承认了本能对行为的影响。此外，以洛伦茨等为代表的动物学家采用实验科学的方法，证明了印刻效应、攻击行为等广泛存在于同种动物身上的一些本能行为，并发现在种系发展阶梯上，越是高级的动物，其种属特有的本能行为就越少，而通过学习获得的行为种类也越多。

人本主义心理学家马斯洛对本能理论进行了全面的考察，提出满足需要的冲动是在一个强度有差异的层次序列中相互联系的，其中，生理的需要位于层次序列的最底层，其上依次有安全的需要、归属与爱的需要、尊重的需要、求知的需要、审美的需要、自我实现的需要等。这就是得到广泛认可的"需要层次论"。马斯洛将位于生理的需要和安全的需要以上较高层次的基本需要称为"似本能",认为它们与本能一样,是维持人的生命不可缺少的,但又不同于动物的原始本能,是人类所特有的。在需要层次论的基础上,美国组织行为学家奥尔德弗将人的需要分为生存需要、关系需要和成长需要。其中,生存需要是对基本物质生活条件的需要,主要包括生理的需要和安全的需要;关系需要是维持人际关系的需要,包括归属与爱的需要,以及尊重的需要;成长需要则是人希望得到发展的需要,主要包括求知的需要、审美的需要、自我实现的需要等。与马斯洛认为较低层次的需要必须得到充分满足后才能产生较高层次的需要不同,奥尔德弗认为,多种类型的需要同时影响人的行为,如果较高层次的需要得不到满足,人们对较低层次的需要的渴望会变得更加强烈。

十多年来,我一直在思考需要层次与个体人格发展的关系,并在奥尔德弗区分三类需要的基础上,提出需要的"双塔层次模型"。这一模型将关系需要和成长需要看成是建立在生存需要基础之上的两座并列的"塔",其中,"关系需要塔"以尊重的需要为中轴,分为依恋的需要、社交的需要、归属的需要三个层次。"成长需要塔"以自我实现的需要为中轴，分为探索的需要、认同的需要、成就的需要三个层次。根据这一模型，生存需要的满足使个体的生命得以保全和维持，是个体发展关系需要和成长需要的前提条件，而关系需要和成长需要则共同驱动个体社会化的逐步实现：第一步，个体通过与父母的亲密互动满足依恋的需要，并在此基础上产生探索的需要；第二步，个体在探索外部世界的过程中，产生社交的需要，并在建立同伴关系的基础上产生认同的需要；第三步，个体确立自我同一性，并在此基础上产生归属某一集体的需要，并在集体使命和规则的引导下，产生成就的需要；第四步，个体在满足成就的需要的过程中，如果取得成功，将产生归属于更大规模集体的需要，如果遇到挫折，则会回到依恋的需要（甚至更基础的生存需要），重新启动新一轮的社会化过程。

2022年5月，一个朋友邀请我为钱昱竹女士写的新书《成为学习型父母》写推荐语。看到书中将本能、情绪和理智（原书稿中称为"心智中心"，后在讨论的过程中接受我的建议将其改为"理智中心"）作为生命力的三个中心，并指出三者共同影响个体行为的观点，我注意到三个中心与三类需要的区分有内在的一致性，即：本能中心对应于生存需要，目的在于维持个体的物质生命；情绪中心对应于关系需要，目的在于建立个体的人际关系和集体归属（社

会生命）；理智中心对应于成长需要，目的在于发展个体的
知识经验和独特个性（精神生命）。我惊讶于一个没有学习
过系统心理学知识的心智成长教练能够构建出如此清晰的
动机模型，并欣然写了一小段推荐语。在8月初，钱昱竹将
《成为教练型父母》（作为上一本书的姊妹篇）交到我手中，
并邀请我写序。出于对"生命力三中心"模型的兴趣，我
很爽快地接受了邀请。

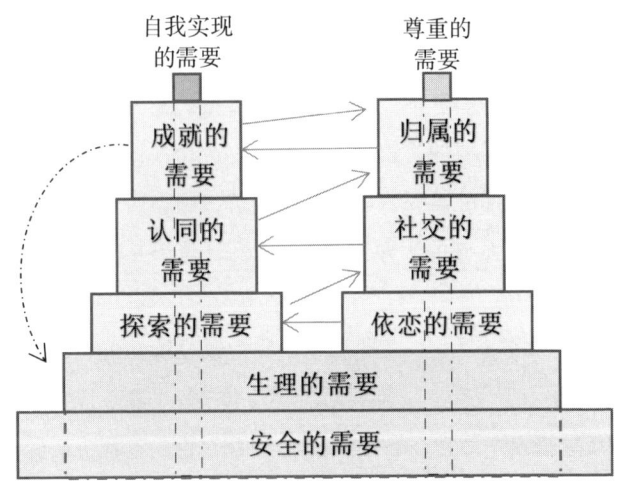

需要的双塔层次模型

在《成为学习型父母》一书中，作者从"生命力三中
心"模型出发，对生命的节奏与成长的课题进行了详细的
阐述，倡导基于生命的教育，提出父母应在亲子关系中重

新认识生命，和孩子共同成长。在《成为教练型父母》一书中，作者进一步强化了这一观点，并围绕生命力的三个中心，提出成为"教练型父母"的三个条件和三个环节。其中，三个条件包括父母对生命的态度、与孩子的连接频点和互动方式，以及创造型解决问题的智慧。三个环节分别是站得稳、连得上、带得动。显然，三个中心、三个条件和三个环节也是内在一致的。具体地说，"站得稳"立足于本能中心，要求父母有意识地觉察和调整自己对生命的态度，做到热爱生命、释放情绪和勇于创造；"连得上"立足于情绪中心，要求父母与孩子的学习、兴趣、情感和思考建立连接，做到充分表达、彼此聆听、痛快争论，实现情感共鸣；"带得动"立足于理智中心，要求父母从"对错"评判里跳出来，将孩子的每一个问题都当作一个释放创造力的机会，愿意尝试各种可能性，帮助孩子找到自己的"生长点"。

在"站得稳"一章中，作者从本能、情绪和理智三个中心出发，提出了父母在与孩子互动的过程中出现失衡的三种表现，即：总是要找一个"对"的标准来强化自己对孩子的控制，对应于本能中心；通过对情绪能量不恰当的使用（扩张、回撤、冻结）避免与其他人建立连接，对应于情绪中心；失去创造力，只想快速得到解决问题的现成方法，对应于理智中心。针对父母的失衡状态，作者提出的建议是"不要逼迫自己去做对，我们得先照顾好自己，才有力量去照顾我们的孩子，而不是努着劲儿为他们做些什么，自己却活得毫无营养"，并提出站稳自己的五个步骤：收回投射、看见"内在的小孩"、成为"内在的父母"、重建平衡、有效干预。

在"连得上"一章中，作者从本能、情绪和理智三个中心出发，提出连接孩子的三个频点，即：在本能中心，连上意向；情绪中心，连上体验；理智中心，连上想法。所谓"连上意向"，就是知道孩子内心究竟"想要什么"，可以区分出三种意向：因缺失而"想占有"的意向，表现为对外在结果的渴望；在追求结果过程中"想控制"的意向，表现为对其他人或资源的连接和控制；因充实和富足而"想负责"的意向，表现为对自身内在价值的确认。所谓"连上体验"，就是对各种情绪反应的感受，表现为受害、纠缠、尽责等不同类型的体验。所谓"连上想法"，就是知道孩子们思考的主题、素材和章法，表现为自我中心、注重关系和独立自主三种倾向。如果父母能跟孩子连上，就能参与到孩子的成长课题中，支持他们用好自己三大中心的生命力，打开一个全新的发展空间；如果连不上，孩子就会为了坚持做自己而竖起"围墙"，并将父母徒劳无功的努力看成是自作多情和自以为是。作者提出"信息输入、信息处理、信息输出"三个步骤来帮助父母与自己的孩子建立高质量的连接，表现为多元的频点、足够的互动、高频的共鸣。

在"带得动"一章中，作者仍然是从本能、情绪和理智三个中心出发，提出父母带动孩子玩转"人生游戏"的基本原理和有效方法。

在原理层面，父母只有透过问题理解孩子的基本属性、发展阶段和成长课题，才能找到"生长点"，通过促进孩子（有时也包括父母自己）的心智成长，来解决表面上的问题。作者从三大中心出发，将人的基本属性分为本能中心、情绪中心、理智中心三种类型，分别对应于生存、连接和创造三种生命意识或意向，每一种类型的意向都可以采用具体行动、情绪体验、逻辑推理等不同手段来实现，从而形成9种人格特质，即：本能之本能、本能之情绪、本能之理智，情绪之本能、情绪之情绪、情绪之理智，理智

	本能中心	情绪中心	理智中心
逻辑推理	本能之理智	情绪之理智	理智之理智
情绪体验	本能之情绪	情绪之情绪	理智之情绪
具体行动	本能之本能	情绪之本能	理智之本能

（缺失　追求　富足）

之本能、理智之情绪、理智之理智。对于每一种人格特质，又可以根据意向实现的程度分为低频、中频和高频三个发展阶段，分别表现为缺失、追求和富足。这样，作者就从"属性、手段、程度"三个维度，构建了一个包括27种特质类型的人格分类系统。

在方法层面，作者提出在读懂孩子的意图的基础上，通过"接纳局限和升级形式"的方式促进孩子的心智成长，并从支持型对话、思考的章法、多元的养分三个方面，介绍了一系列具体措施。在思考的章法这一部分，作者再次从三大中心出发，将孩子经历的冲突分为意向冲突、关系冲突和观点冲突三种类型，并提出本位处理和上行处理两种干预策略。所谓本位处理，就是在冲突发生的中心本位上解决冲突，具体地说，就是对本能中心的意向冲突谈价值、对情绪中心的关系冲突谈感情、对理智中心的观点冲突讲道理。所谓上行处理，就是只有在处理好本位中心的冲突后，才能升级到上位中心引导孩子的心智成长，具体地说，在价值一致的时候，才可以谈感情，否则谈了也是虚的；在感情连接的时候，才可以讲道理，否则只是自说自话；在观点一致的时候，才可以看价值，否则只是纸上谈兵。

显然，"生命力三要素模型"不仅较好地说明了本能、情感和理性在个体生命成长中的作用，而且围绕本能、情

绪和理智三个要素，系统地建构了家长与孩子共同成长的
基本原则和有效方法，是具有原创性的家庭教育知识体系
建构的可贵探索。

李亦菲

北京师范大学

推荐序二

让孩子真正爱上自己的人生

怎么教育好孩子？怎么当好家长……这不仅是永恒的话题，更是世界级难题，因为这些问题是无解的，没有标准答案。

加之之前看到一些家庭教育方面所谓的"名著"，多数是外国作家或者是常年生活在西方文化背景下的学者所著，粗略看过一些，发现这些东西对中国孩子来说基本"用不上"，因为"不对味"，直到这次偶然间看到昱竹老师写的那本《成为学习型父母》，竟然吸引我花了整整一天时间，很认真地阅读完，很多地方讲到共鸣处，还做了笔记，写了体会。后来，我还把体会分享到绿萝心数全体员工群，以及我家"相亲相爱一家人"的群中。

我给大家的阅读体会中写道："这本书可能是我有了孩子后，看得最认真的一本关于家庭教育方面的书，也是我认为写得最接地气、讲得最透彻的一本书，既有例证，又有理论总结，深入浅出，鞭辟入里，一句话，让我看懂了。"

我现在从事的是心理健康方面的工作，尤其是在青少年心理健康方面，我们做了不少的研究，也目睹过因为孩子心理健康问题出现的悲剧。鲁迅先生在《南腔北调集》中写道："童年的情形，便是将来的命运。"教育家蒙台梭利说过："成人的幸福其实是与他童年时期的生活紧密联系的。"也就是说，孩提时期的教育做得好，是孩子一生的财富；反之，则是孩子一生的羁绊。

从我的视角看，昱竹老师上一本书的"学习型父母"，主要焦点在于如何读懂孩子的生长节奏，如何读懂每个生长节点上生命的课题，也就是"发现问题"；而这本书的"教练型父母"，焦点在于如何听得见、看得懂孩子的语言和情绪表达，进而"连得上、带得动"，做出有效干预，也就是"解决问题"。

生命的目的只有一个，就是生长。终其一生，就是在以形态的不断蜕变，完整地实现生命的主题。就如苹果的生命意识，要经由种子、萌芽、植株、花朵、果实……尽管每个"外衣"不同，但是它们呈现的生命主题是一样的——苹果。

我们每个人要想活得多姿多彩，要想活得更有意义，从理论上来说，就是怎样做到既合乎生命之道，又能选择最合适的"外衣"，从而让生命主题更有意义。可惜话是这么说，要做到很难，每个人都在用自己的一生来学习这门功课。

亲子关系之所以难，一个重要的原因在于生命不可定义，每个孩子都是一个独特的存在，因此，面对不同的个体，不可能用"统一范式"，也不可能有标准方法，更何况多数家长只关注"向外"学习，而不注重"向内"领悟。即便如此，但我想说，尽管生命因每个个体不同而不可定义，但生命一定是有章可循的。

正如昱竹老师在文中所言，种子的生命，不能用来发芽，才会用来发霉，关键是要找到启动生命力的密码。怎么找到这个密码？首先，作为父母，在亲子关系里面，如果我们把孩子当成一个初始版本的自己，我们用成长的眼光看待自己的生命，那么孩子的"问题"，就成了我们跟孩子共同的机会；其次，对于教练型父母来说，只有想方设法激活孩子被卡住的"生长点"，才能更好地"站得稳、连得上、带得动"，从而和孩子的生命和谐交响。

总之，一句话，父母所做的一切，不是为了让孩子记住我们的爱，更不是为了让孩子爱上我们，而是让他们爱上自己的生命力，进而爱上自己的人生，愿意为内心的热爱全力以赴，愿意为每个有缘遇见的生命感同身受，更愿意为一个有生命力、有创造力的自己叫好、鼓掌。

王勉

曾为资深记者、文化学者、现绿萝心数总裁

2022 年 9 月 10 日教师、中秋双节

目录

第五章 "带得动"生命力，玩赢成长

第六章 易逝的亲子时光，长远的生命之约

前言

成长，是让有限的形式追上无限的意识

成长，是生命推动自己进阶的过程。

而"生命"这个话题，不太好聊。

初听起来，太熟悉了，谁都活了几十年，多少明白点儿。

但若要深究，又发现太陌生了；因为身在其中，习惯成自然，不觉得需要推敲，也就经不起琢磨。

不琢磨生命，我们也能活着，反正痛不痛快也都只是自己交待给自己，能编圆了的逻辑，都当作是自己独一份的生存哲学。

直到有一天，我们成了父母，一个个鲜活的小生命把"成长"这件事情掰开了揉碎了摊在我们眼前，纤毫毕现；我们对于生命或多或少的忽略或者无知，经不起这生命之初的纯粹拷问，瞬间被夸张地放大。

我们会以为，是有了孩子以后，"生活"变复杂了；但也许，是没有孩子的时候，我们把"生命"看得太粗线条了。粗线条的好处，是敢在人生里四处闯荡，什么都想体验，因为随时可以撤退；而孩子，这个没法撤退的选择，

让生命一下子慎重起来，要我们精细地对待每一次呼吸。

孩子顺着生命的节奏生长着，父母却乱了节奏地拼命应对着。为了拿回自己的节奏，我们以为用自己的人生经验带领孩子的成长，就能相亲相爱，而那样，也许恰恰冲撞了生命本来的节奏感。这场控制与尊重的平衡调试，不是我们跟孩子的关系，是我们跟生命的关系。

生命是什么？

生命，是一个无形的"意识"，用有形的"形式"来表达自己。

就像一个苹果的生命意识，会用苹果种子、苹果树、苹果花、苹果果实等各种"形式"来表达自己，当这些形态可以有序更迭，我们就看得见"生命"了。这些形态都指向于同一个生命意识，不论怎样更迭，生命的"主题"不变，变来变去都还是"苹果"，这样围绕核心意识的形态变化，我们称为生命的"蜕变"。

而驱动这些形态蜕变的无形的力，我们就称为"生命力"。

成长，是无形的生命意识，是一个不断升级自己的外在形式，从而展现生命力的过程。这个过程的美妙，就在于外在形式的不断蜕变，都是为了充分展现核心不变的生命意识，也就意味着，向外的生长也是向内在核心的不断接近。

生命意识是无形的，要穿上有形的"衣服"才能被看见，才能跟其他的生命互动。

意识是无限的，形式却是有限的，每一件"衣服"都有自己的时间性、空间性、各种局限性，所以生命意识要不断地"换衣服"，才能充分地表达自己。一个苹果的生命意识，会穿上"种子"的外衣；过段时间就要脱下，穿上"绿芽"的外衣；过段时间又脱下，穿上"花朵"的外衣；到了时间又脱下，穿上"果实"的外衣；再过些时间又脱下，穿上"种子"的外衣——不同地理环境下的苹果，会穿不同风格的外衣——因为没有一件"衣服"能够完整地表达生命意识的全部信息。而"苹果"的生命，不等于任何一件"衣服"，它是穿行在各种形式中的不变的意识。

生命的力量，来自内在的无限；生命的存在，要借助外在的有限。当外在的形式，可以跟得上内在的意识，不断升级，这才是"活着的生命"。

苹果的生命意识如此，人的生命意识也可以这样看。

每个人的生命意识，都要穿上"身体"的外衣——不同年龄、不同生存环境，我们会穿上不同的身体；还要穿上"情感"的外衣——不同生命阶段、不同的关系里，我们会穿上不同的情感表达和情绪状态；还要穿上"思想"的外衣——不同的成长课题、不同的现实条件，我们会穿上不同的思维方式和认知结构。

没有哪一件"衣服"能够等于"我"，它们都只是对于"我"在不同时间、不同空间、不同背景下的一种表达。而真正的"我"，是穿行在这些形式之中，可以不断进阶、不断选择新的形式的独立意识。

所以生命真正的选择，就是在每个时空背景下，找一件最适合自己的"衣服"来表达生命的主题；意识总在选择当下最合适的"形式"，以充分展现生命的力量。就像苹果的意识，在春天选择当一朵花，秋天选择当一颗果。

只是，苹果没有自主意志，所以完全跟随宇宙之道；形态的蜕变，我们可以看作是宇宙的节奏。

而人类不一样，人类有自由意志，能独立地做选择，包括做出对抗自己、拒绝成长的选择。这是人类生命的自由，也是人类生命的挑战；高度的自由，总需要高度的意识，才能驾驭。

所以，我们人类要用一生来学会"做选择"，因为没有宇宙之力替我们决定什么时间开花、什么时间结果；但又分明有宇宙之力，推动时间的流转，空间的更替，让我们没法儿停在原地。怎样可以既合乎生命之道，又遵从自己的独立意识，选择最合适的"衣服"——行为、情绪、思维各层表现——让生命鲜活而有力量，是我们要用一生来学习的功课，要用一生来经历的成长。

在成长这件事情里，谁还不是个宝宝，谁还不是在摸索着生活的脾气长大。

只是我们作为成年人，跟我们的孩子不一样，我们有穿惯了的"衣服"——那些行为模式、情绪模式、思维模式，让我们误以为那就是"我"；而孩子们还没有"衣服"，他们是裸着来这个世界的，什么"衣服"都要穿一穿，什么形式都想试一试。

这就是孩子的成长对父母的挑战：他们对身体的兴趣，会挑战父母对身体的习惯；他们对情绪的开放，会挑战父母对情绪的回避；他们对创造的热情，会挑战父母对想法的执着；他们对生命的无限渴望，会挑战父母习惯了的生命形式。

如果我们觉得养孩子"好麻烦"，倒不如说，我们嫌弃生命"好麻烦"；最麻烦的事情就是，人其实要用一生来长大。

在有孩子之前，我们都以为自己是个大人了；但孩子一来，我们忽然发现，自己里面还有个孩子——那些没有成熟的心智，经不起孩子把生命的习题拿出来再做一遍。

孩子的"成长"，随时都能暴露我们的"不成长"；那些所谓"孩子的问题"，其实是我们对自己生命的无能为力，那些在我们自己的人生里被藏起来的"无意识"，却被孩子纯粹的生命力，诚实地挖掘出来。

孩子的幼稚，是对于这个世界的不熟悉；而这份初来乍到的新鲜，就像毫不留情的显影剂，把我们对于生命的局限性认知，点点滴滴地呈现出来。那些在我们自己成长的过程里被忽略的、没有深究过的生命课题，全部在孩子们"成长的烦恼"里再演一遍；若我们不肯留意，便是亲子关系里的鸡飞狗跳。

在亲子关系里，重新认识生命

生命唯一的矛盾，是无限的意识与有限的形式之间的冲突。

我们若执着于习惯的形式、习惯的活法，生命的意识便被禁锢，生命的智慧与力量，也无法释放。

还好，我们遇上了孩子，这些从零开始生长的生命。他们给了我们重新观察生命的机会，重新认识时间和空间的意义。我们能够在他们的成长里，看见他们沿着时间的线索，一点点绽放生命的力量；在不同的阶段，探索不同的成长命题；学会与周围的空间相处，找到体验生命的素材。我们能看到他们探索着穿上一件件的"衣服"——行动的衣服、情绪的衣服、思想的衣服——他们不断体验着"衣服"里的"生命"舒不舒服。

他们会穿上又脱下，脱下又穿上，有时我们不知道他们想怎样。但有一点是确定的，他们想"长大"——不是按照成人世界的标准长大，而是沿着生命自己的轨迹，越来越充分而成熟地表达生命力。我们能做的，是陪着他们长大，并且重新经历我们自己的长大；从而我们也要学会重新体验他们这些"衣服"——有些很激情的"衣服"，有些很淘气的"衣服"，有些很冒险的"衣服"，有些很有亲密感的"衣服"，有些很狂傲不逊的"衣服"……各种各样的形式，各种各样的活法。

亲子关系是挑战的，也是好玩的。玩赢亲子关系，不在于我们管不管得住孩子，而是我们能不能"蜕变"自己的生命形式，以"成长"的姿态与他们共鸣。

孩子跟父母的缘分，是用自己的"第一次出生"，唤醒父母的"第二次出生"；用自己的"第一次成长"，激活父母的"第二次成长"。在上一本《成为学习型父母》的书里，我们已经把生命成长的节奏展开来仔细聊过了。在每个生长的节点上，都会有一些生命的课题，是练孩子的，也是练父母的。

所以，亲子关系难就难在，靠任何的策略或者方法，都是解决不了的，因为其实我们面对的，是另一个自己，或者说是自己的另一个初始版本，我们若不能对自己的生命保持好奇、热情相待、保持生长，是解不了孩子的谜题的。

但亲子关系简单也就简单在，当我们愿意用成长的眼光看待自己的生命，孩子的"问题"就成了我们跟孩子共同的机会——跟他们一起了解生命，创造有意思的玩法。我们乐意做，孩子就乐意做。

上一本书《成为学习型父母》的前言里，我们区分过：建基于生命的教育，还是建基于生存的教育，决定了我们看待家庭教育的立足点。学习型父母，是要在生命本身的节奏里，呼应孩子的成长。

这一本书，我们来谈谈，是用生活的经验教育孩子，还是用生命的章法解读懂孩子，如何看懂孩子究竟发生了什么，在所谓的"问题"里，跟他们一起找到成长的"课题"，这是为人父母的智慧，也是孩子生命最宝贵的养分。

归根结底，这个来到我们生命中的孩子，不过是重启了我们对生命的热情，重启了"成长"这个游戏。

而成长，就是迎向生命意识的无限，敢于脱下那身穿惯了的"衣服"，在每个当下，陪伴我们"内在"的小孩，和"外在"的孩子一起，体验以各种方式"活"着的生命力！

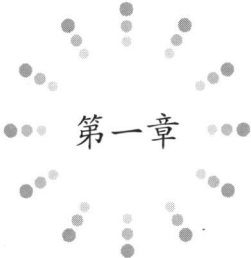

第一章

先认识生命，才看懂成长

这本书，是被"甩"出来的。

去年应约写一本亲子主题的书，春节假期奋力赶稿，一使劲儿写多了十万字。但写出来的每一个字，就像生出来的孩子，都有生命，也都是我想跟为人父母的伙伴们分享的话。不舍得删，于是改成了两本书。其间难为了很多人，也是依靠她们的信心与支持，才有了这一本。

虽然是"拆"出来的两本书，但是在内容上，的确是各自独立的。

上一本书的主题，是"学习型父母"；这一本，是关于"教练型父母"。这两部分加起来，就是"成为成长型父母"。

所以，**成长型父母＝学习意识＋教练能力**。

这几个词，都是看着面熟，细思不一定清楚的。不用着急，我们不玩"标题即全部"的套路，不能在概念里圆滑了头脑，而是要回到基本原理，沿着章法，建构起系统的认知。

生命就是在不断受限中成长

这本书的原理基础，是关于人的"心智系统"。

这个系统，每个人每天都在用，但我们可能意识不到自己在用。因为我们从出生开始，就习惯了"向外"学习，反而对自己的"内在世界"陌生而且觉得理所当然。我们经常说的"智慧"，并不是一个人对"外在世界"的认知程度，那些只是"知识"；而是对自己的"内在世界"的了解和平衡驾驭的能力。当我们对自己的内在世界有办法，才会真正跟外在世界建立起有效的关系，体验得到生命的力量与选择的自由。

这也是这两本书想跟大家一起探讨的——如何基于内在世界的自由，玩赢现实人生的游戏。

可以说，我们是用心智成长的原理来解读"亲子关系"这个人生课题；也可以说，我们是用亲子这个专题来探讨心智成长。所以这本书，不是跟父母们探讨如何搞定孩子，我们的焦点不在于孩子，而是在于"生命"本身；孩子，只是对生命的成长过程做了一个鲜活的展示。如果我们对"生命"有足够的了解，就会对自己有办法，对孩子有办法，并且，我们会对越来越多的生命有了解、有办法。因为跟孩子的关系是我们人生的三大核心关系（与父母的关系、与爱人的关系、与孩子的关系）之一，在亲子关系里的成长，会帮助我们提升跟所有人的关系。

当我们把焦点从孩子身上挪开，看向"生命"本身，我们跟孩子之间的关系就已经开始不一样；我们不再是"面对面"的关系，而是"肩并肩"，一起看向生命这个游戏，在孩子成长的"问题"里，找到共同探讨的课题，设计出有意思的玩法，这才是真正的"陪伴"。

我并不是亲子教育的专家，我只是一名心智成长的教练。在这个领域，我已经工作了17年，服务了各种各样的人，他们都曾经是孩子，大部分现在也都是父母；他们在成长过程里所遇到的一切问题，都可以在他们与父母，或者担当父母角色的抚养者的关系里找到线索。父母与孩子的关系，是贯穿人的一生的，构成生命的底色，也储备着各种资源；父母对孩子的影响，是不可撤销的，但可以不断转化、升级。

先举一个小例子。

有一个很容易情绪化的妈妈，很严格地管教她的女儿，特别是当孩子有情绪的时候，会给孩子很大压力让她控制好自己的情绪。孩子8岁多，发展情绪中心（7~14岁，是情绪中心发展阶段）的时候，她忽然发现她的女儿很有一套，很会看人眼色说话，不表达自己真实的想法和需要，她意识到自己对孩子的影响。当她意识到的时候，当然很沮丧也很自责，问我还能不能改变。

我说，不能改变。她已经形成这种策略化的应对模式，这个模式会一直存在，陪她一生。这是一种情绪的冻结模式，所以她不诚实的时候她自己并不知道。这种冻结，是她在应对妈妈的压力的时候形成的，是一个小朋友保护自己的方式，然后固化成了无意识的模式。

但是，这也并不需要改变。小朋友无论在什么样的环境里长大，都不会有一个"完美"的成长过程，因为他们来到一个他们不曾出现过的世界，这个世界原本不认识他们；所以他们生长的过程，总会跟这个世界已有的认知和习惯发生碰撞，在这些碰撞里，不是产生这样的模式，就是产生那样的模式，没什么区别。

这些模式，会构成他们的局限性。但这只是一个"题面"，不是个固定的结局。父母的工作，并不是确保孩子"正确无误"地长大，而是陪孩子经历生命的局限性模式，然后在其中找到做练习的"生长点"，重新有意识地启动生命力，这才是真实的生命体验。因为他们未来一生，都是个不断形成模式、不断打破模式，才能持续生长的过程。

我跟这个妈妈说，就像她这半辈子都在跟自己的情绪化做斗争，越想"做对"就越控制不住地"做错"，因为她没有尊重她自己这个"情绪化"的模式，只是一道要解答的"成长习题"；她没有感兴趣于在这道题里找"解法"，而是拼命想把这道题"解决"掉。这样，我们的焦点就都被这个模式占据，越抗拒越持续，反而没有空间生成新的选择。

我就问这个妈妈：你的这个情绪化的模式，作为你生命的一部分，它究竟想为你做的是什么？因为有这个模式，你会有什么独特的生命力？

　　妈妈想了好久，问我：会不会是体谅？因为我自己是这样，所以我看到别人有情绪的时候，不被理解的时候，我特别明白他们。

　　我说：很棒啊，还有呢？

　　妈妈又想了好久，说：还可能是敏感，我对于环境的反应很敏感，所以我总能捕捉到别人没有意识到的问题，我怕别人感觉不到，就很容易情绪过激。

　　很快她又说：对，还有，我好像只有情绪化的时候，才能真的说出自己想说的话。那些情绪帮我把话说出来，否则，我总觉得自己的想法不适合说出来。

　　说完这些，她忽然有些激动地看着我说：昱竹，我好像明白了我的女儿发生了什么！

　　我给了她一点时间，把焦点带回自己身上，然后接着问她：如果，我们把每次的"情绪化"当作一个练习，你可以额外训练到自己的是什么？

　　她说：我可以训练自己没有情绪。

　　这就是我们通常会踩进去的"改正"自己的误区。

　　我只是接着问：你想用好自己的"体谅"吗？

　　她说：想啊，我真的觉得我其实很为别人着想，只是一旦情绪化，他们就觉得我很任性。其实在情绪化之前，我都很体谅别人的。

我说："体谅"就好像你的一块肌肉，你要用好它，需要其他的肌肉一起合作。你有没有意识到妨碍你用好"体谅"的是什么？我们可能要额外训练哪一块肌肉？

妈妈很快明白了，她说：可能需要开放，我要把我对别人的体谅开放给对方，不然我总觉得很委屈，没有人明白我心里承受的痛苦。

我说：好极了，如果你也想用好你的"敏感"，你可能需要额外练习自己的是什么呢？

妈妈说：我得接受，我得允许别人就是有不同的感受，接受他们不明白我感觉到了什么。我以前不太接受，我觉得他们感受不到我就是不爱我。

我说：特别棒的发现，有可能你早已经为此做了很多功课，只是你自己没有确认而已。

妈妈说：我有想过，但想一想就过去了。

我说：对，所以我们要"练习"我们对自己的设计。如果，你还想用好你自己的表达，用好表达的时候情绪的感染力，你可能还要额外练习自己的是什么？

妈妈想了想说：可能是信任，信任关系，信任对方的反应，信任一段关系哪怕有冲突，也还可以有下一步。这样，就不会小心翼翼、不敢说话，一旦表达又很冲动。

我说：你现在再回看你的"情绪化"这个模式，你对它有什么不同的体验吗？

妈妈说：没什么体验了，它只是一个模式。

我说：这个没什么体验，跟之前有什么不同？

妈妈说：就是放松了，不那么紧张，不用担心它什么时候冒出来。

我说：这个放松，是一种体验吗？

妈妈笑了，说：是啊，这也是一种体验哦，我以前都没有觉得这也是一种体验，我总觉得人要有反应，才是体验。

我说：如果这个模式，就是来帮助你认识你的敏感、你的体谅、你的情绪的感染力，它就是会给你一点儿挑战，让你比别人更用心地去学习。如何用好自己的敏感、体谅和情绪的感染力，你会愿意一直练习着，看见自己这些独特的生命力，被用得越来越好吗？

妈妈有点儿兴奋，甚至很甜美地说：我当然愿意啊！

我说：那你的女儿那道题，你也会愿意陪她一点点解，一点点练吗？

妈妈还是很甜美地说：我也愿意啊！

我说：现在，你再回看女儿的那个情绪模式，你有什么体验？

妈妈又笑了，说：我还是有点儿不接受，我觉得自己是个不够好的妈妈呢。

我说：是啊，你这个不够好的妈妈，还打算继续爱她吗?

妈妈乐了,说:那当然还是爱啊!

我说:爱她,就能有下一步。谁又能有完美的过去呢,不如创造个有生命力的未来吧。

妈妈说:这是我要的!

我说:你这个"不够好"的妈妈,无意识地帮她形成了一个人际关系里的应对策略,这改变不了,那就用好这个机会吧。你觉得,未来她的人生里,这个模式有没有机会帮到她呢?

妈妈说:也许有,她在关系里很会观察,不会鲁莽,而且知道一条路走不通就想办法拐弯。但也会有妨碍不是吗?

我说:是会有妨碍,就像你的情绪化,也会有妨碍。但是妨碍出现的时候,不就是你练习自己的机会吗?

妈妈好像忽然间明白了一样,说:哦,这就是成长!

我说:特别棒的领悟!成长不是变得越来越正确,而是对自己越来越"有意识"。如果她意识得到自己的模式,在模式里看见自己独特的智慧,也看见自己的局限,知道怎样训练自己做出更有效的选择,这个模式就会成为她的小伙伴,帮助她不断升级自己。

妈妈说:那这个练习要做多久?

我说:也许,练到你不想这个问题为止。你想看到你的女儿一生都在拼命做"对"，还是清楚地知道自己一定会做"错"，然后在每次局限性里，没有负担地面对自己、练习和升级自己呢？你想她活得"正确"，还是活得"有生命力"呢？

妈妈说：我想她有生命力地活着！

我们经常会遇见这样的妈妈或者爸爸，因为太在乎孩子的成长，而陷入各种焦虑。要不就觉得自己不够好，要不就觉得孩子不够好。但其实，妈妈没有做错什么，她在她的局限性里给了女儿她能给的爱；女儿也没有做错什么，她在她的生长环境里做着她能做的选择。我们只是遇见了彼此的"成长课题"，这就是我们互相之间的缘分。

我们得接受，生命的意识是无限，而生命的形式终究是有限的；我们内在的爱是无限的，但是我们表达爱的形式一定是有限的。在我们的局限性里，孩子的成长就会受限；这是生命的局限性设定，无关乎对错，不必把我们自己或者孩子的"局限"，当作"缺陷"。

当我们接受了生命就是在不断受限中成长的过程，我们就可以坦然面对自己的局限性和孩子的局限性，然后在每个局限性模式暴露的时候，找到其中的"生长点"，从而在局限性里训练出有意识的生命力。人生，就是一场阻抗力训练，没有各种受阻，就不会激活各种生命的力量与智慧。这才是成长的本义，借由蜕变局限性的形式，不断进入新的生长阶段。

父母，对于孩子的成长过程的确有着不可替代的影响力，但我们不必掉进两种极端。一种极端，是因为太想负责任，把孩子的成长背在自己身上，总担心自己不够好而影响了孩子；另一种极端，是把成长当作只是孩子的事情，拼命在孩子身上用力，却看不见自己如何参与了这个过程，一边塑造着孩子的模式，一边又嫌弃着孩子的模式。

那究竟什么是成长，父母跟孩子在成长这件事情上，究竟要怎样合作呢？

还是从生命本身说起。

这一部分内容，在上一本《成为学习型父母》的前三章，有很充分的展开，这本书里，我们就只画重点。

生命是如何蜕变的

无形的意识，选择了特定的形式作为载体，并且这些形式会围绕生命意识这个核心，在同一个系统里不断转化出新的形态，这就是我们看到的生命。

就像在前言里举过的例子，一个"苹果"的意识，选择了特定的形式作为载体，被呈现为有形的生命现象。形式有很多，但内在的生命主题都是"苹果"——种子是苹果种子，花朵是苹果花，果实是苹果果实。意识是无限的，但每种形式都是有限的，所以需要有无数种形式，来表达"苹果"这个生命意识。但不论有多少形式，它们都指向于同一个生命意识，都在同一个生命系统里升级迭代、生生不息，绝不会出现属于"橘子"或者"香蕉"的生命形式。

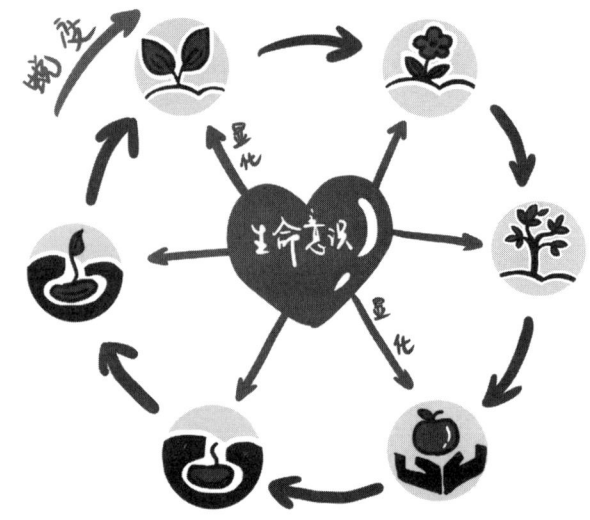

从这张图里，我们可以看到，生命就是由独立意识引发的"核心引力场"，是从"无"的核心意识里，生发出"有"的形态。

当这些生命形态，围绕着核心的生命意识，不断升级去到下一个阶段，我们就称为"生长"；如果外在形态的不断转化，都指向于内在意识的充分实现，我们就称为

"蜕变"。

经常有人问我，蜕变和改变有什么不同？简单地说，"改变"是个线性的思维，从 A 到 B，一种形式到另一种形式；改变不一定实现"升级"，不一定带来"进阶"。而"蜕变"，是一个"圆"的一部分，是在一个"核心引力场"里，由核心意识引发的形态的变化与升级，是对内在生命力的表达。所以"蜕变"，是从 A 回到圆心，再从圆心生发出 B、C、D……无限可能性。

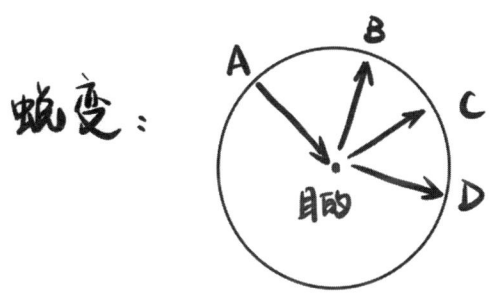

教练型父母的"教练意识"，是建基于"蜕变"的领悟，而不是改变。

"改变"的思维，总假设有更对的、更好的选择；而"蜕变"的出发点，是尊重生命的独立意识，推动生命的形态升级，从而更充分地展现生命力。

改变，是要找"对错"的；而蜕变，只找"生长点"。

当我们想改变，就会找"问题"；而当我们的焦点在于蜕变，就会从"问题"里，看见成长的"课题"。

比如说，我们的孩子在每一个年龄阶段，都会出现一些特定的"问题"，有些问题是闹脾气，有些问题是不愿意跟大人打招呼，有些问题是没法儿专注地学习，有些问题是跟父母疏远、不喜欢沟通。如果我们要他们"改变"，就会先假设这些状态是"错"，然后教导他们怎么做是"对"，然后家庭教育里的"掰手腕"就开始了。这场控制权的争夺一旦开始，谁也不会赢。如果父母掰不赢孩子，就会输掉孩子对父母的信心；如果父母掰赢了孩子，孩子就玩不赢他们未来的人生了，因为他们没法儿用父母的人生经验去面对他们独有的人生挑战。

如果，我们用"蜕变"的视角来看，他们在生命中所发生的一切，都跟内在意识的发展有关，他们的每个状态背后，都在发展某一种生命的能力，都在经历一种成长的"课题"：闹脾气，是在寻找表达内在体验的语言；不愿意跟大人打招呼，是在学会观察和做出选择；没法儿专注地学习，是因为情绪体开始活跃，能量拓展和发散；跟父母疏远、不喜欢沟通，是因为在练习建立边界和独立意识……我们要做的，不是把他们套进一个"正确"的标准，而是支持他们完成每个阶段特定的课题，推动他们保持生长。生长，不是做得更好、更对，而是进入生命的下一个发展阶段。

生命是怎样发展自己的

内在"生命意识"是无形的、看不见的；外在"生命形态"是有形的、看得见的。所以我们每个人的生命，都有一个无形的"内在世界"，也有一个有形的"外在世界"，其实这不是两个世界，只是意识的不同维度。就像，我们心里的图画，和最终画在纸上的图画，是同一幅"图像"的两种维度，而它们之间的一致程度越高，意味着生命实现自己的能力越强。所以，我们的"内在世界"和"外在世界"之间的关系，就要靠我们的生命力系统来实现，这个生命力系统的"总调度"，就是我们说的"心智系统"。

顺着这张图来看，我们的"内在世界"的源头，就是独立的生命意识，所有的意识都是一体的，但我们每个人都有自己独立的生命目的，所以称为独立意识。就好像海洋里的水都是一体的，但是会被赋予不同的目的——有些用来科考，有些用来发电，有些用来洗涤……不同的目的决定了这些水会经历不同的"生命历程"，实现不同的价值，但最终，它们还是会从不同的路径回到海洋里，因为水始终是水。

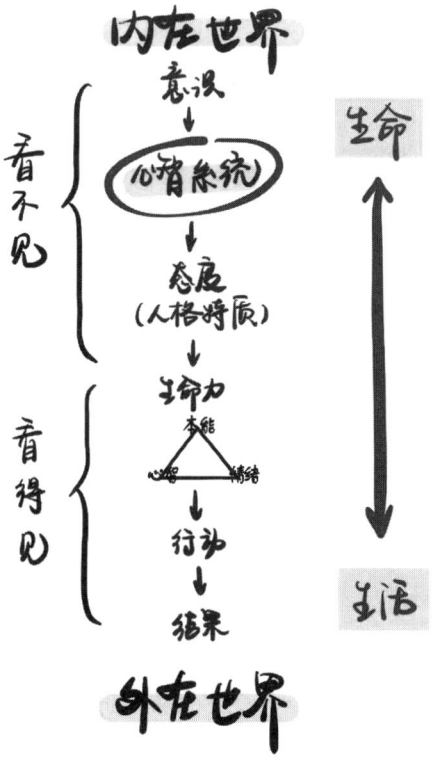

　　理解这一点非常重要。我们在意识的层面，与所有的生命是一体的，所以我们可以与不同的生命连接、共鸣；但在各自的生命目的的层面，都是独立的，谁也不能在别人的生命里留下脚印。

　　这在亲子关系里也是一样的，我们与孩子既是连接的，也是独立的。连接意味着，我们会经历共同的生命课题，我们会共鸣生命的体验，我们能用自己生命意识的转化调频孩子的意识，所以我们要有意识于自己的生命状态，我们如何活着，孩子成长的"生态环境"就如何。而独立又意味着，他们有自己的生命目的和成长轨迹，我们不论多么努力，都不能替他们完成生命的练习；我们的人生经验不论多么有效，都有可能与他们的人生毫无关系。这一部分内容，在《成为学习型父母》的第二章里很详细地讲过了。这也是亲子关系的难处，我们不在自己身上下功夫，是一定不行的；但无论我们多努力，对于他们的成长，也有可能是没有帮助的。所以我们要看懂生命的基本原理，这样就可以在孩子的成长过程中，既看得见他们的成长规律，又分得清他们的个性化表达。

当意识要表达自己，就要一层层地传递信息。

意识调动"态度"

首先要调动的这一层，是"态度"，也就是不同的人格特质。

我们每个人内在都有各种各样的人格特质，每一种特质都是一组独特的生命信息，可以调动不同类型的生命力。

有一些强调力量感的人格特质，有担当的，果断的，有活力的，有爆发力的……有一些强调连接和体验的人格特质，亲密的，体贴的，热情的，敏感的……有一些强调边界感和独立的人格特质，专注的，安静的，抽离的，较真的，有创造力的……不同的人格特质，会帮助我们应对现实人生中的各种场景：社交场景、成果压力、科研探索、亲密关系、应急事故、战略决策……如果我们能在相应的场景里调动出相应的人格特质，就像找到合适的钥匙开相应的锁。

我们调动了哪种人格特质，就会活出哪一份生命的"态度"，这个态度是很抽象的，因为只是一种信息而已。当"态度"能调动下一个层级的"生命力"中心，就能被感知到了。

"态度"调动生命力

每一种人格特质，都是一种指令，能"调度"不同的生命力状态。

"生命力"就好像海、陆、空三军，有着足够的战斗力，但是没有接到作战指令的时候，是不会做出响应的。每一种人格特质就像是一个战略指令，一旦清晰地传递出来，已经储备好的战斗力就会根据这个指令，被激活和释放出来。

生命力经由三个能量中心释放：本能中心、情绪中心、理智中心。就像光，经由红、黄、蓝三原色呈现出来，组合出无数种色彩。这个"三"的数理，是生命由"无"进入"有"的必经之路，所谓"三"生万物。

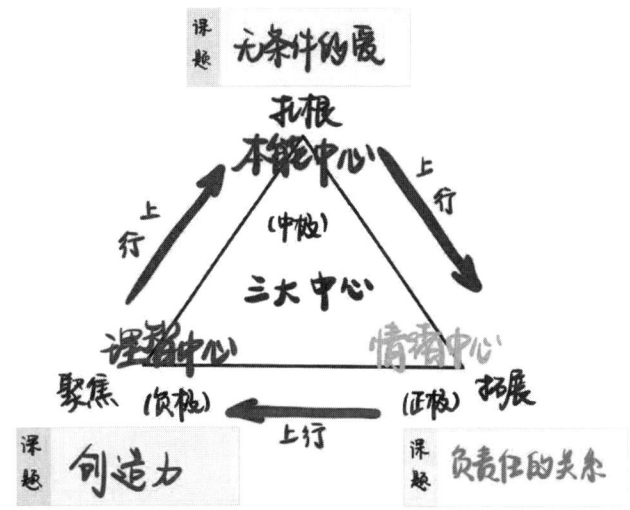

本能中心，是种子扎根的力；情绪中心，是开花拓展的力；理智中心，是结果收敛的力。

本能中心的能量，决定了我们的行动能力；情绪中心的能量，决定了我们的情绪能力；理智中心的能量，决定了我们的思维能力。而这三种能力，是我们在现实世界里生活，所需要的一切能力的基础。

同时，这三大中心也对应着我们的身体（动能）、我们的关系（情感）、我们的思想（认知），这些加在一起，就是"我"这个字的所指。比如说，"我比你高"，这个"我"代表我的身体；"你没有给我空间"，这个"我"就不是身体，而是"我"的情绪、感受和体验；"我们不是一个世界的人"，这个"我"既不是身体也不是情绪，而是"我"的思想。所以当我们说"我"的时候，其实就是指的这三大中心的状态。

当然，还有一些时候说"我"，是指意识层面的觉知。当我们说，"我意识到我自己当时有情绪了……"的时候，就是这个意识层面的"我"在看着形态层面的"我"，我们也称为观照自己。这部分在这本书里就不展开了。

这三大生命力中心的表现，就是我们看得见的"生命状态"。我们通常说，"这个人状态真好"，就是指的生命力充沛、饱满、活跃带来的魅力。有可能是本能中心的能量很充分，就会有活力、有动力、敢想敢为，做什么都特别有劲儿；有可能是情绪中心的能量很充分，就会显得灵动、有美感、情绪有弹性、举手投足都有感染力；也有可能是理智中心的能量很充分，就会清晰、专注、思维敏捷、洞察本质，而且富有创造力。

这三大中心是共同工作的，平衡起来，就是我们说的

"基本素质"。也就是，当一个人能够有效激活自己的每个生命力中心，并且让它们能够平衡协作，就能够为人生中要面对的各种选择提供充分的能量。当这些能量被恰当地运用出来，就是我们说的"能力"。

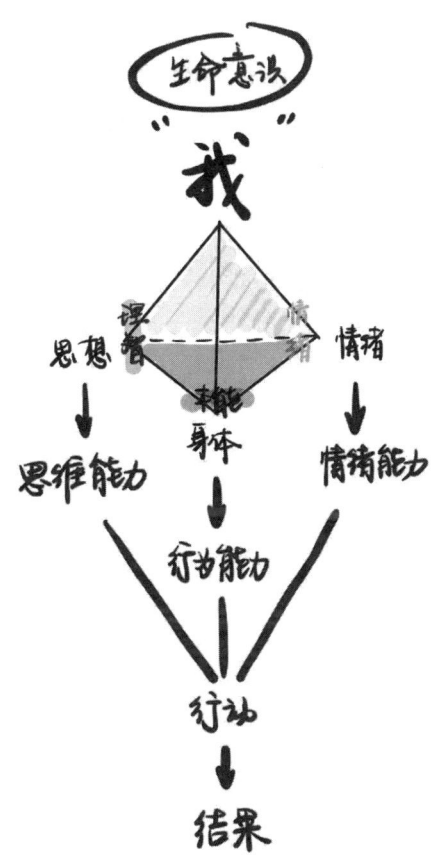

我们通常所说的能力，例如表达能力、管理能力、社交能力、销售能力……都不是一种能力，而是我们的基础能力的某一个应用主题。任何一种应用，都是这三大基础能力的组合。例如组织能力，需要本能中心的价值驱动，唤醒热情与动力；需要情绪中心的连接与表达，创造有效的关系；需要理智中心的边界与秩序，建立起组织的章法。再比如说，一个人的工作能力，需要本能中心的行动效率、情绪中心的协调合作、理智中心的认知与规划。当然，具体应用中我们还要做出更精准的细分，但基本章法，其实就这么简单。当一个人的"基本素质"准备得好，在漫长的人生中，不论遇到什么样的挑战，都能发展出相应的"能力"；如果有些能力发展不出来，极有可能是基础的生命力没有被激活，原材料不够用。

所以，我们一直提的"素质教育"，就是帮助孩子们认知他们的生命力的基本结构，在成长的过程里激活和训练好各个生命力中心，以此准备好他们的基础生命力，以供未来发展出各种能力。否则，增什么减什么，都不能触及根本。这也是上一本书《成为学习型父母》里我们重点聊过的，这本书里我们还会接着说。

当生命力（能力）被激活，被注入"行动"，行动才具有创造成果的力量。

所以，行动本身是没有力量的，行动只是展现出人们内在的生命力状态。人有生命力，行动就有效；人的生命力被抑制，做什么都是出工出力不出活儿。

这就是生命意识启动自己"无中生有"的线索——意识—态度—能力—行动—结果。

依此，无形的"意识"就创造出了有形的"人生"。

意识是无限的，但是能在这一生中，创造出什么样的"人生"，就取决于这条线索是不是有效运行。

生命从"意识"到"能力"，是我们"看不见"的部分；从"能力"到"结果"，是我们"看得见"的部分。"看得见"的部分，我们称为"生活"，而"看不见"的部分，我们称为"生命"。

不论无形还是有形，它们都是切实的存在，而且"看不见"的部分，决定着"看得见"的部分。如果在"看得见"的部分，我们没有得到自己想要的人生，没有创造出一个丰盛喜悦的"外在世界"，那就要回到"看不见"的部分，在那个"内在世界"里找到调整自己的源头。生活的品质，取决于生命的品质。如果我们不知道在生命的源头对自己做点什么，我们也一样对生活束手无策，只能忙于应对。

如果只站在"生活"的层面，我们经常会体验到无力和无奈，好像被日子拽着走，但如果我们站在"生命"的源头，就会真的知道，我们才是生活的创造者，我们是作画的那个人，我们不在画里！

这就是自由的开始，不是在"外在世界"不受约束，而是在"内在世界"，有了选择。

内在世界是怎样运作的呢？

这就是我们要了解的"心智系统"，内在世界的后台操作系统。这个系统的成熟程度，决定了前面所说的"意识—态度—能力—行动—结果"能运行到什么程度，我们能在"外在世界"创造出什么样的"人生"。

心智系统，就好像是意识对自己的"编程"，让无形无象的意识，可以进入具象有形的"世界"，并且按照现象世界的秩序来工作。心智系统的成熟程度，决定我们如何"使用"自己。

用一个形象一点的例子，心智系统就好像是我们买回来一部电脑或者手机，需要首先安装后台操作系统，有的安装安卓的系统，有的安装苹果的系统，有的安装微软的系统，等等。安装的系统不一样，接下来这部机器的运行方式就不一样，就被纳入不同的秩序。我有一些颜值控的朋友，喜欢苹果的电脑，但用不惯苹果的操作系统，那就安装双系统，用回自己习惯的操作系统，否则就用不了这部电脑。所以，哪怕我们两个是一样的电脑，只要安装的操作系统不一样，我们在电脑里能装的软件、能玩的游戏、能完成的操作内容，就都不一样。这就是两种系统，两种"人生"。

而且，这个系统是要不断升级的，我们用着用着，觉得手机运行慢了，或者电脑总是出一些莫名其妙的弹窗，就是系统有点儿带不动我们的内容了。像我这样的设备白痴，处理不了复杂问题，但第一时间就会检查一下我的系统是不是需要更新了。当系统升级了，还是同一部手机，同一部电脑，能装的App、各种运行功能，都会升级。

把这个比喻，用回我们人类身上。

我们这个独立意识，来到这个世界，就像一个"隐形人"，要能够被看见，能跟其他生命互动，就要穿上"衣服"。

先是穿上一层"肉体"，我们才能够行动。肉体有自己的生理规律，但是如何用好它，是意识要学习的功课。

然后再穿上一层"情绪体"，情绪体不是物质的形式，是能量的震动，它令我们跟其他的个体能够建立连接与共鸣，所以很容易受到周边环境的影响，如何驾驭它的平衡，也是意识要学习的功课。

再后来，我们还要穿上一层"理智体"，理智体既不是物质也不是能量，是信息。就好像一只杯子，我们能拿在手里的是材质，物理属性，就像我们的肉体；带给我们的美感、体验、吸引力，是能量层面，就像我们的情绪体；它的设计参数、设计理念，是信息层面，就像我们的理智体，我们不能直接看见，但切实存在，并且关联着杯子的能量层面、物质层面。理智体让我们能识别现象背后抽象的"本质"，怎样运作理智体，让它不"胡思乱想"，也是意识要学习的功课。

我们就像一个滑雪的人，要穿上雪服、踩上雪板、戴上雪镜，才能开始滑雪；我们需要一点时间来习惯我们的雪服、雪板和雪镜，并且用好它们，才能把自己的能力发

挥出来。我们这个意识，也要慢慢习惯用身体来行动、用情绪来连接、用理智来思考，才能在这个现象的世界，自如地运用好生命力，实现生命的目的。

而帮助我们的意识，管理好我们的生命力系统，决定我们怎么使用生命力的，就是"心智系统"。

我们的心智系统也是一个慢慢成熟的过程，因为生命是有时间线索的，我们在不同的年龄阶段要面对的人生游戏不一样，心智系统对于生命力的调动方式也不一样。就像我们在手机里装App一样，也是随着时间的推进，越装越多的。我们小的时候，只要安装吃、睡、玩的App；再大一点，安装说话、走路、打招呼的App；再大一点，安装写字、学习、交朋友的App；再大一点，安装社交、恋爱、工作的App；再大一点，安装管理、升职、谈判的App；再大一点，安装亲子关系、婚姻家庭、赡养父母的App……应用软件越装越多，我们慢慢开始觉得吃力，觉得自己能力不够用，时间不够用，精力不够用……其实，都是系统不够用，我们的心智系统需要升级了。

心智系统为什么会不够用？

心智系统有两种状态：孩童心智和成人心智。孩童心智是无意识的、固化而封闭的心智模式；成人心智是有意识的、开放且创造性的心智状态。

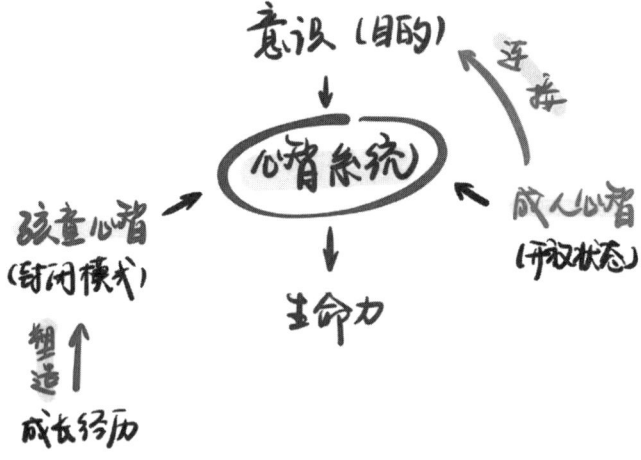

每个人有两次出生，两次成长。

第一次出生，是父母把我们的身体生出来；第二次出生，是我们把自己的"觉知"生出来。

第一次成长，我们是"被抚养"，我们要学会认识这个世界，学会独立生存；第二次成长，我们才是自主地生长，自己决定如何发展内在生命力，完成生命的自我实现。

第一次成长会塑造我们的心智系统，而这个"被塑造"的过程，我们对自己是无意识的。成长的经历，潜移默化地影响了我们的行为模式、情绪模式和思维模式，我们就会模式化地使用自己。而我们意识不到这个内在的模式，不觉得被模式困住，以为自己就是这样，就把模式的局限等同于自己的局限。这个固化而封闭的心智状态，我们称为孩童心智。就像我们经常听到的小故事，一只大象在小的时候被一根木桩牵住，等到长大了，那个木桩相较于一只大象的"生命力"，根本不值一提，但是大象的心智模式已经固化了，只要心智不成长，这个木桩就能牵它一辈子。这就是孩童心智，不认识真正的"我"，只认识记忆里的模式。

孩童心智，也是有效的，因为我们的成长经历，不论是怎样的，都是有价值的。只是那个价值，属于过去的时间，服务不了未来。孩童心智，是局限，但不是"缺陷"，只是因为固化，所以不能"生长"。

说一个前不久我们遇到的案例。这个小伙伴的父母的关系，是和谐而不亲密的，两个人都努力地维护着家庭的责任，也彼此尊重，但没有亲密感。这个孩子是知道的，他也看得到父亲在关系里的隐忍，他也很欣赏父亲这份负责任的态度，因为作为一个孩子，他也不想父母分开。

但是当他长大了，独立生活了，他在自己的各种关系里也总是处理不好，没有办法充分地表达自己，容易很极端地，要不在关系里憋屈着，要不就断然放弃。这就是他在成长过程里，从父母身上习得的"不发生冲突，就能一直维持关系"的模式，当然他也复制了他们在关系里的无法满足自己的体验。但他从没有质疑过，因为他的孩童心智认为，为了维护关系，牺牲自己的满足感，就是"对"的，这就叫负责任！哪怕这不是他要的人生，只要心里那个孩子在说"这样是对的"，他就会在自己不想要的关系模式里，一直继续下去，然后对自己说，我只能活成这样。而其实，负责任的选择，有无数种，他不是能力受限，是在他的心智模式里，就没有别的选项。

这个孩童心智模式，在某些情境下是有效的。比如说在关系里有摩擦，但没有什么实质性的冲突，这个时候他的心智模式会让他有余地，不跟人计较。但是如果关系里有需要面对的矛盾，或者关系到了要升级的时候，这个心智模型就会让他一直逃避。

所以，孩童心智并不是错的，只是一种"有限"的选择，在某些特定的背景下是有效的，但是不能应对复杂的、不断发展着的人生，不能发展出更多可能性的选择。如果我们无意识于自己的孩童心智，我们的人生就会被固化在某种状态里，我们只能允许自己生活在孩童心智能够应付的范围里，那让我们觉得安全和顺手。这样我们就大大地局限了自己的生命力，却还误以为，我们只能过这样的人生。

当我们能够意识到自己的孩童心智，就会发现，那些"不能""做不到""没办法"并不是"我"不能，而是孩童心智认为我不能；"我"有着无限可能性，而孩童心智不认识"我"，它只认识过去的经验。

当我们触摸到了孩童心智的局限，就找到了新的"生长点"，也就是我们要带着"内在的小孩"重新生长的契机——让"内在的小孩"知道，除了他认为"对"的，生命还有很多选择。就好像上面这个案例里的小伙伴，当他意识到他的孩童心智让他以为"不冲突就是好的关系""牺牲自己就是对关系负责任"，这些模式化的认知，曾经帮助过他建立关系，但不能让他发展出更多可能性，不能在关系里成长出更有智慧的选择时，这就是他的"生长点"，学会在冲突中仍然可以建立关系，学会不克扣自己的满足感也可以对关系负责任，创造性地负责任。当他有意识地去学习这些课题，他就会启动他的"成人心智"。

成人心智，连接于我们的生命目的，是调动一切生命力的资源，将生命的意义充分实现的心智状态。这也是心智系统本该做的工作。每当我们的孩童心智模式在生活中受阻，拿不到我们想要的结果，我们就有两个选择——一个选择是把我们拿不到结果的原因甩给另一个人，或者甩给环境，用"对错"来解释我们对生活的无能为力；还有一个选择，是启动成人心智，看懂我们受阻的位置，找到"生长点"，升级心智系统。

插一句题外话，经常会听到人们说"不要抱怨"，的确，抱怨是孩童心智的无力感带来的情绪策略。但如果打压孩童心智，不允许他抱怨，那也不会带来成长，只会把抱怨转成其他的情绪对抗，比如冷漠、隔绝。如果我们用成人心智，听懂自己的抱怨，重新照顾好里面受伤的小孩，陪他长大，抱怨就会转化成生长点。每个孩子都是一样的，当他对生活有办法的时候，自然就代谢了那些情绪对抗。

继续说回心智系统。如果我们活在孩童心智模式里，我们对于"态度"层面的调动，就会很固化，只会习惯去用那些我们用惯了的人格特质：有人用惯了力量感的人格，哪怕没有什么必要，也会习惯性地过度用力；有人用惯了独立感的人格，哪怕需要建立亲密连接，也很难敞开自己；有人用惯了热情洋溢的人格，哪怕不痛快，也要嗨起来，无法诚实于自己的情绪……这样我们就活得很局促，老觉得自己处理不了某些状况，其实是调不动相应的人格特质，也就调不动生命力。

而成人心智，没有任何模式，它只指向于生命本身的目的。遇见什么样的生命主题，就调动什么样的生命态度：社交背景下就调动热情和趣味，决策背景下就调动力量和担当，亲密关系里就调动体验与连接，专业背景下就调动边界与警觉……没有任何固化的决定，只关注于生命的当下"要"经验什么，"要"实现什么。所以也可以说，成人心智，就是"空"的状态，是什么都没有，所以什么都可以有的状态。这也是我们说的"自由"，不是外在不受约束，而是内在能够自主调动，能够用出生命的各种状态。

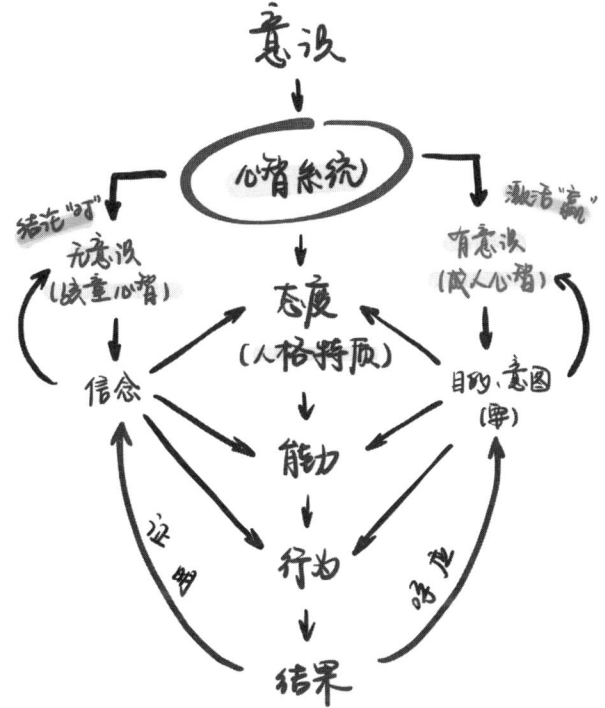

没有人是纯粹活在成人心智里的，因为我们要在"孩童心智"里成长，就像地面要有摩擦力我们才能稳定前行。如果每一次，我们意识到孩童心智模式暴露了，都当作一个好消息，然后有意识地启动成人心智来体验、洞察，找到生长点，我们就可以用一生来成长；而任何一个孩童心

智模式带来的局限性，都是我们成长的台阶。这就是成长最有意思的地方，没有什么是绝对的"对错"，都是成长中的一个阶段，关键是永远要有下一步，而且是有生长性的下一步。

这就是心智成长，从孩童心智，升级为成人心智。

心智系统每升级一次，我们的整个生命力系统的效率就升级一次，然后我们会看见，我们的"外在世界"也在不断升级，我们跟钱的关系、跟人的关系、跟时间的关系，会越来越有选择、有办法。

当我们了解了心智成长的基本原理，我们就能理解教练意识的基础：

没有不够好的人，只有没用好自己的人！

同样，没有不够好的孩子，只有还没学会用好自己的孩子！

这些话如果当作口号，很顺嘴，也很好理解；但若要成为我们真正的领悟和修为，是要在生活里摔打的。

作为教练型父母，我们就是要跟孩子一起，在他们的第一次成长里，就学会用好自己：学会用好他们的本能中心，能启动真心的热爱，调动行动的意向，并且面对现实做选择；学会用好他们的情绪中心，能敞开表达自己，也能连接和体验他人，感知生命的美感与独特；学会用好他们的理智中心，有秩序，能专注，愿意在挑战中生发自己的创造力。

我们没有办法教出一个正确的孩子，但我们可以培养出有生命力、愿意不断成长的孩子。我们只是需要陪他们一起，在成长的千姿百态里，用好他们的每一个"问题"，帮助他们练习自己的心智系统，调动各种生命态度，平衡驾驭他们的三大生命力中心，让他们活得有战斗力、有人情味、有独特的智慧。

这是我们对待孩子的态度，也是我们对待自己的态度，因为我们能为孩子做的，不会超过我们能为自己做的。孩子经历他们的第一次成长，我们经历自己的第二次成长。

孩子的成长节奏

从孩子来到这个世界，他们就进入了自己的生长时间表，这个时间表就好像一年四季的轮转一样，是有自己的内在秩序的。他们会沿着生命的节奏感，发展自己的三大生命力中心，在不同的时间对自己做不同的"单项训练"，以备将来可以"综合运用"。这也是我们看到的孩子的"幼稚"，他们只发展一个主题，无法顾及全面，这就是生命早期的成长方式。

生命的时间线索

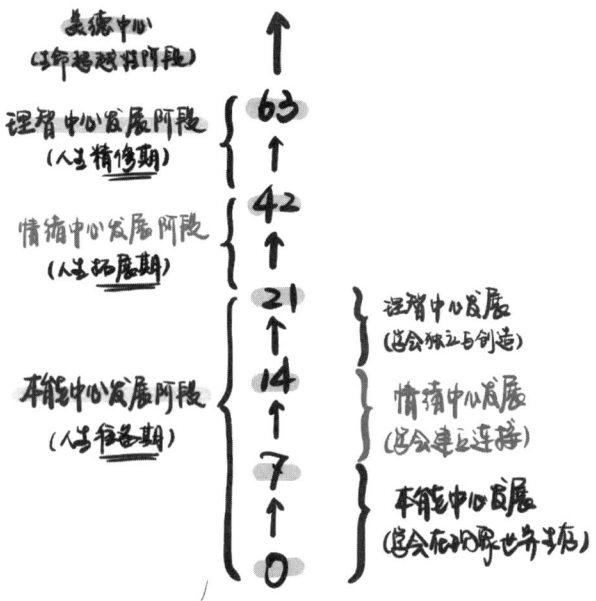

美德中心
(生命超越归阶段)

理智中心发展阶段
(人生精修期)
63
↑
↑
42
↑
情绪中心发展阶段
(人生拓展期)
↑
21
↑
理智中心发展
(适合独立与创造)
↑
14
情绪中心发展
(适合建立连接)
本能中心发展阶段
(人生准备期)
↑
7
↑
本能中心发展
(适合在物质世界扎根)
0

　　小朋友在0~7岁发展他们的本能中心，7~14岁发展他们的情绪中心，14~21岁发展他们的理智中心。他们用21年的时间，准备好自己的身体、情绪和思维能力，进入真正独立选择的人生。

　　这个"三"的基本数理，可以往下细分，也可以向上统合。

往上一级：

0~21岁是我们整个人生的本能中心发展阶段，愿意花力气、肯努力，就能有成长；

21~42岁是我们整个人生的情绪中心发展阶段，我们人生的核心关系都在这个阶段建立，婚姻、亲子、父母关系是这个阶段必做的功课，同时我们自己的人际交往、社会资源和个人影响力，也在这个阶段建立，学会处理关系，就能有成长；

42~63岁是我们整个人生的理智中心发展阶段，靠力气、靠关系，都拼不过年轻一辈了，但智慧的魅力，可以四两拨千斤。

再到63岁以后，是我们整个人生的美德中心，也可以理解为更高维度的本能中心，关于无条件的爱。

我们看小朋友的发展，会在下一级目录，更仔细地分解这21年，这在上一本《成为学习型父母》第五章里讲得很仔细了，在这里，我们就把每个阶段的发展特征简单地讲一下。

0~7岁本能中心发展阶段，发展价值感、力量感、现实感。

本能之本能（0~1.5岁），小朋友要体验安全、满足和爱，这令他们确认自己有价值。这个阶段，也是他们学习使用身体的阶段。

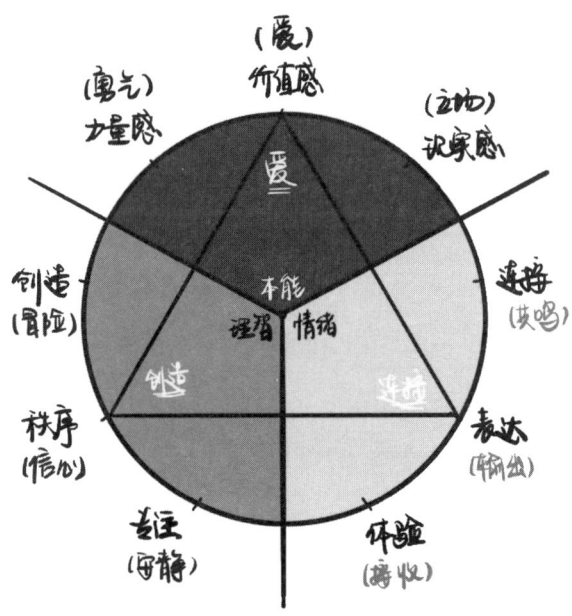

本能之情绪（1.5~5.5岁），小朋友要体验占有欲、控制力、影响力，他们会强调自己的力量感，也在练习使用各种情绪，有些时候显得无理取闹，但这个过程，是他们在尝试自己的力量，并对使用力量建立起信心。

本能之理智（5.5~7岁），小朋友开始建立现实感，强调自己的主张，要求选择权，爱争论，会挑剔，因为他们要使用理智的力量，学会在现实条件里做选择。

7~14岁情绪中心发展阶段，发展表达、连接和体验。

情绪之本能（7~8.5岁），孩子们开始对异性感兴趣，并且想要管理自己的零花钱，如果我们不跟上节奏，他们就会想策略。这是个爱展示、爱表达的阶段，是在发展语言的能力（包括撒谎的能力），也是他们在体验自己的影响力，探索自己的社交圈的阶段。他们会喜欢讲粗口，但不用太紧张，他们只是在感受语言的情绪张力，而不是真的攻击和辱骂，不要上升到道德问题。

情绪之情绪（8.5~12.5岁），他们开始有自己的小圈子，也会有各种关系里的矫情和烦恼。因为情绪的能量，他们思维发散，创造力活跃，但是很难聚焦专注。这个阶段，他们在学习体验其他人，所以也容易被关系搞乱，他们也会以"有烦恼"作为自己长大了的标志。

情绪之理智（12.5~14岁），有挑战的时间段开始了，这个阶段很敏感、微妙，但也是他们深度了解自己的开始。情绪的能量，让他们不太稳定；理智的能量，又让他们回撤，不开放。这是个非常需要父母"懂"他们、有"默契"的年龄，否则，亲子关系说翻车就翻车。而且这个阶段他们要开始恋爱了，不论是不是真的发展出一段关系，他们内在的体验都会发展，这是个必修课，需要父母的体谅和智慧。到了这个年龄，就只会被父母的智慧吸引，而不愿意被父母的权威控制了。

14~21岁理智中心发展阶段，发展秩序、创造和专注。

理智之本能（14~15.5岁），一到理智中心发展阶段，孩子就不那么可爱了，就会以自我为中心，设定边界，拒绝被干预。但这种边界感和独立性，也是他们未来人生要用到的态度，是需要练习的。这个阶段的他们，就会开始练习自己的独立，包括开始对挣钱感兴趣。这个阶段训练他们的秩序感是非常合适的，因为他们也会喜欢一板一眼、有道理、有规矩的感觉，这让他们觉得自己"成熟"。这个阶段允许他们拿主张，甚至为自己的选择付点儿代价，会帮助他们建立对自己的"信心"，愿意为自己负责任。

理智之情绪（15.5~19.5岁），这个阶段，是个一天到晚想放飞自我的阶段，因为他们要发展出内在的多元，以启动创造力。他们总要强调自己的"不同"，不想被纳入别人的想法，特别抗拒被询问、被干预，本来准备要做的事情，父母一干预，就偏不做。这个阶段，要允许他们离父母远一点儿，他们会在内心觉得被理解，他们的心会跟我们离得很近。但如果父母拼命贴近他，哪怕是对他好，他的心反而会离父母很远。

理智之理智（19.5~21岁），这个阶段也是个挑战的阶段，虽然他们长大了、懂事了，但他们内在对独立性的需要，也更高了。所以不要挑战他们的边界，不要以为他们不表达就等于是允许，不要企图安排他们的人生。这个阶段，既没有本能的能量，也没有情绪的能量，所以会既不务实，也不想被关系约束。这对于他们未来的人生，也是一个非常重要的准备阶段，确保他们未来在做选择的时候，既不被现实局限，也不被关系左右。

看看这个时间表，其实一步追一步，蛮紧促的。生命紧赶慢赶地长大，就是为了准备好自己，迎接未来生命中的各种玩法。

我们能跟孩子在一起相处的时间，其实不多，甚至大部分亲子关系都没法儿用满这21年，可能就"断联"了。但任何一个阶段，如果我们能陪他们做好相应的练习，让他们完成这个阶段的"成长习题"，就能帮助他们留下资源性记忆，成为心灵的养分，用在未来的一生。

成长这张卷子，不要企图答满分，但要答得有诚意。那些没答好的题，将来总会再出现，那个时候，我们的孩子是不是有足够的资源性记忆，愿意再答一遍，甚至一遍又一遍，就取决于我们现在陪他们"答题"的时候，是不是有耐心、有信心。

当我们了解了成长的时间表，我们就会接受，成长就是阶段性失衡；他们就是会在每个阶段，都制出一些"问题"，来做练习。

本能中心阶段，就是会强调占有欲，就是会打架，就是会过度用力，包括过度使用情绪。过了这个阶段，有些现象就会过去。但我们不要等这些现象过去，而是趁着他们"有问题"的时候，带他们做练习，因为他们的所谓

"问题"，就是想要用自己又用不好。就像当一个小朋友总想从高处往下跳，我们不要制止，因为那是生命在练习自己。我们就顺势教会他们怎么跳、怎么落地安全，从不同的高度跳下来身体有什么反应，怎么判断自己有没有受伤。当生命的意图被允许了，他们就会愿意学着长大。

情绪中心阶段，就是会撒谎，会多愁善感，会计较关系；理智中心阶段，就是会各种评判，自作主张，自我中心……如果我们看不懂他们的生长节奏，每个阶段都是换着花样地较劲儿。但如果看懂了这些阶段性的失衡，我们会很珍惜他们的"不成熟"，我们可以带他们有意识地训练内在的理智系统，有意识地训练内在的生命力，这是我们共同学习的机会。

这就是开篇的时候我们说的，父母的学习意识。

做完这些准备，我们就可以开始进入"教练型父母"的主题了。

学习成为孩子的教练

教练型父母，是我们要学习着成为孩子的教练。

只站在父母的身份里，我们总是很难放下我们对孩子的"占有感"，觉得这是"我的"孩子；这种占有感，会让我们愿意负责任，但也会无意识地把我们自己的人生和孩子的人生捆绑在一起。所以，我们经常以为的孩子的"问题"，其实很可能，是我们自己参与制造了这些问题。

一种可能，是在孩子的成长中，我们遇到了自己没有完成的课题，那我们就会放大孩子的"问题"，觉得好严重，但其实，只是自己没有打通关。

比如说，孩子在发展情绪中心的阶段，很不稳定，如果我们自己对于情绪也并不了解，也带着恐惧，我们就会觉得孩子的情绪是很大的问题，总想压制或者解决。这样，孩子本来的情绪还没有表达完，又制造出另一层对抗；情绪本身其实并不麻烦，但是因对抗而产生的情绪化策略，可能反而打了个死结。

另一种可能，是我们自己的节奏冲突了孩子的生长节奏，我们会以为是孩子不听话或者不配合。

比如说，我们根据自己的习惯设定了每天的时间节奏，而没有意识到这个节奏跟孩子的年龄和属性是不是相符。如果孩子在时间里找不到自己的节奏，我们就会觉得是孩子拖延。我们会理所当然地觉得孩子要生活在我们的作息表里。但其实，不同年龄的孩子对于时间，是有不同的需要的，他们要慢慢地建立对时间的体感，他们不是用数学的方式学习时间，而是用体验的方式来学习的。我们帮他们做出的时间规划，带着我们的习惯，很有可能让孩子们找不到自己的节奏，然后就越来越乱。没有时间意识的孩子，都是在某种程度上，被抚养者扰乱了内在的节奏感。

还有一种可能，是我们看不懂他们的生长阶段，不接受他们在成长过程中的"不成熟"，就会放大孩子在成长中的困惑。

最典型的，所谓"早恋"。对于孩子，没有"早"这个说法，他们的身体和心理发展到一定程度了，才会开始这个课题。如果我们愿意诚实地体验一下，其实每个生命都是这样的时间表，只是反应和表现不一样而已。但是，因为父母还没准备好自己，不知道怎么陪他们做练习，我们就认为是孩子"早"了；从而，一个生命的必修课，竟然变成了青春期的"问题"和"禁忌"。在他们想学习的时候我们不允许，他们没有空间充分地体验、了解自己的情感和选择；等到了适婚年龄又开始各种催结果，这不学习，怎么考试呢？

这些，并不意味着父母做得不够好，而是我们每个人都有对自己无意识的时候，所以需要一个"教练"的身份，带我们在亲子关系里，跳出"占有感"，中立地看待孩子的成长。

那我们从哪里入手，才能让自己成为一个教练型父母呢？

教练的工作，是在困境里，找到"生长点"，推动生命

意识持续进阶。

我们在跟孩子的关系里，通常有三类困境：站不稳、连不上、带不动。

站不稳，是指我们自己最容易失衡甚至失控的，就是亲子关系。因为孩子是我们内心最柔软的部分，而且孩子还最能够踩中我们自己的卡点，那些我们在自己的成长过程里没有完成的课题，孩子们能一条条翻出来，怕什么来什么。比如说，孩子的成绩不好，翻出了我们的羞耻感；孩子不急不忙，引爆了我们的焦虑感；孩子顶嘴，我们内在"有理说不清"的恼火瞬间燎原。所以我们经常在亲子关系里看到，父母跟孩子的对话，像极了两个孩子在较劲儿；因为孩子的模式，把父母心里那个"受伤的小孩"逼出来了。如果我们留意到，自己已经失衡了，就不要再在孩子身上用力了，因为那个时候我们真正要学会调整的，是自己里面的小孩。里面的小孩子照顾好了，外面的小孩会体验得到，不然，孩子是会下意识地揭父母的"疮疤"的，而且又准又狠。

能站得稳，才是开始。

连不上，是因为本来孩子就是独立的个体，他们没有办法被纳入我们的人生经验。在他们小的时候，独立意识没有充分展现，我们可以很容易地影响到他们；但是不知不觉中，我们就会发现他们有了自己的路径，并且他们会跟父母保持距离，以保护自己的边界。这不是坏事，这是他们在长大。但这对于父母，是挑战。如果我们跟孩子连接不上——体验不到他们的情绪，看不懂他们要什么，也没有办法思想交流——那接下来做什么，都不过是自说自话。经常有父母问我说，为什么我说了那么多遍，他就是不听呢？答案也许很简单，孩子们不觉得我们说的内容，真跟他们有关系。他们会觉得父母在自顾自地担心，自顾自地期待，自顾自地感动自己。

如果连不上，我们对孩子就没有影响力。

带不动，可以是前面两个困境带来的结果，也可以是前功尽弃的地方。有些亲子关系，看起来温情有爱，但是孩子却对自己的人生没什么热情，没什么动力。甚至于，只要有父母在，他们就懒得动，但是在没有父母的时候，他们反而有活力。父母自己的活法，就是个能量场，这个场，是不是有魅力，是不是有智慧，都可以从孩子身上看出。如果，我们对自己的人生没有真正的热情，把所有的力气都用在孩子身上，我们越用力，孩子就越乏力，这种"拽着走"的感觉，谁都觉得不美好。

亲子关系的目的，不是我们爱上孩子、孩子爱上我们，而是让孩子在我们的守护下，爱上他们自己的人生！孩子带着他们生命的种子来到这个世界，我们只是他们生长的土壤。我们让这个土壤有营养，他们才会愿意长，否则，他们的种子是不会听我们的命令的。

所以，高品质的亲子关系，并不在于孩子和我们的关系，而是他们跟自己的人生的关系是不是热情、有爱、生机无限。

怎样可以站得稳、连得上、带得动，是非常有意思的生命课题。也许不容易，但是会很好玩。在这本书里，我们会一起学习一些有意思的玩法。

父母，本来就是天底下最具挑战的活儿，要不然，怎么会每个人都给配俩呢，这得是多高配置的专属服务呀！

但也正因如此，当我们成为父母的时候，我们就获得了跟生命最近的机会，获得了最大的成长空间。

孩子生下来，我们就是父母了，但这是"天赋"的权利。

当我们带着学习的意识和教练的态度，陪伴孩子们在他们成长的过程中，把一个个"问题"变成有意思的"课题"，跟他们一起找到有智慧的解法，带他们品尝生命和成长的滋味，我们就会成为他们内心的滋养。那个时候，孩子才会真正"加冕"我们成为他们的父母，给我们足够的允许权。我们就会看见他们，用活好自己的方式，呼应我们给出的爱。

孩子终究会离开父母，当他们离开的时候，父母是带在心里的，还是会丢在身后呢？父母能不能成为孩子内心的资源性记忆，这关乎他们未来的漫长人生里，内心有没有依靠，有没有爱的营养。每个拼命离开父母的孩子，其实都是想对父母说：我带走了你们的爱，我因此活成了自己！而这，就是我们跟他们在一起这短短十几年，值得努力的一切。

上天授权我们成为父母，只是给了我们一个开始；孩子授权我们成为父母，才是爱的圆满。让我们试试看，用我们对生命的智慧和诚意，从孩子那里拿到允许权，以教练的身份，参与他们有着无限可能的人生。

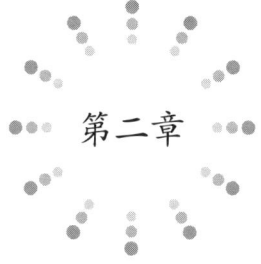

第二章

成为教练型父母

没有不够好的孩子，只有被卡住的"生长点"

教练型父母，顾名思义，用教练的意识做父母。

教练意识是怎样的？我们在生活中也看得到各种专业的教练，跑步教练、健身教练、徒步教练、游泳教练……为什么"教练"这个词大多用在运动领域呢？因为运动这件事情，"教"是教不会的，得"练"。运动是我们对自己的身体复杂的、综合性的驾驭，身体是不会听另一个人的话的。每一个简单的动作，其实是一组复杂的指令，如果一个人对自己的身体无意识，没有建立起足够的联系，不管怎么"做"，都很难驾驭好自己的身体。"练习"是什么？并不是不断地、重复地"做"就是练习，而是需要在做的过程里，提升对身体的意识。看起来教练只是教了一个动作，但如果自己没有在这个动作里找到内在的领悟，不能有意识地做，那我们跟身体的关系就没有建立好，做了也无效。这是一个在"外在世界"用力、在"内在世界"建立意识的过程。

例如，我们游泳，"外在世界"的条件是水，我们要练习划水、打水、换气……但真正的游泳是发生在我们的"内在世界"，是我们在水里驾驭身体平衡的过程。除非内在对身体的意识能建立到什么样的水里都能游，否则，只是在水里泡着，是没有用的，水是不会让我们学会游泳的。这个练习的过程，是在充分地实现内在调动：本能中心会感知水的温度、浮力、波动，找到发力点；情绪中心，会调节我们的兴奋、恐惧、紧张，让身体能够自如发挥，找到感觉；理智中心会识别我们的力度、角度、姿势；然后本能中心会发力，情绪中心会兴奋，理智中心会精准协调，这样就学会了游泳。所以练习游泳，并不是指重复做"游泳"这件事情，而是在这件事情里深度训练我们的三大中心。有时候是训练肌肉力量，训练心肺功能，训练核心能力，这些是训练本能中心的强度。有时候是训练对不同环境的适应性，训练抗干扰能力，训练压力情境下的稳定发挥，这是在训练情绪中心。还有一些时候，是在训练技术难度、精准判断、迅速反应，这是在训练理智中心。所以什么是"练"？就是基于一个明确的外在目标，充分调动内在的生命力的过程。通过练习，这个内在调度的系统就会被建设得有力度、有弹性、有精细度，然后越来越好用。这也是为什么，一种运动玩好了，学其他的运动也会顺手；一种乐器学好了，学什么乐器都很容易上手。这不只是经验的积累，更是内在的系统训练到了，所能做出的精确而有效的反应。

我们也会见到有些人，一件事情做了很多年，很有经验，但是没有生长性，一有变动就应付不了。我们通常会说，这是花"死力气"，这就是被"教"会了，但是没有

"练"出自己的内在意识。

所以"教练"的工作，不是把自己知道的教导出去，而是要激活"被教练者"的自主意识，让他们知道怎样可以用好自己。教练的"教"，不是给出结论，给出标准和答案，而是给出基本的原理。一个健身教练，会"教"基本的身体的原理、运动的原理、饮食的原理，但这些不是要点，最重要的工作，是能激活对方"练自己"的意向。我们还是用三大中心的章法来看：本能中心，要建立基本感知，调动意向，设定目标；情绪中心，要引发热情，养成习惯，深刻体验；理智中心，要形成秩序与节奏，评估反馈，持续推进。所有这些工作，焦点都不是在健身这件"事情"上，而是全方位地调动"人"，让他对这件事情有动力，有情感，有秩序，人到位了，事情自然会做得好。至于这个人会怎样做这件事情，是非常个性化的选择，教练没有标准答案；教练只关注人的生命力系统是不是有力、平衡和活跃。

简单地说，教练就是支持人高度有意识地自主调动内在的生命力，并运用在不同的项目、不同的领域。教练型父母，就是支持孩子们，学会有意识地激活自己的生命力系统，自主调动各种人格特质，实现生命的目的。在教练的眼中，没有不够好的人，只有没用好自己的人；对于教练型父母来说也是一样，没有不够好的孩子，只有被卡住的"生长点"。

"教练"的工作

作为教练型父母，我们的工作是帮助孩子们了解他们的生命，用好他们的生命，然后真正爱上他们自己的生命！

孩子之所以需要被父母抚养，是因为他们比我们晚来这个世界，父母要帮助他们建立起"外在世界"和"内在世界"的关系。他们不太熟悉这个外在世界，但在他们的内在世界里，他们所拥有的生命力和可能性，跟父母、跟任何一个成年人，都是一样的。只不过，他们需要通过外在世界的各种经历，来激活内在的生命意识。这就好像，我们用外在的自行车，激活了内在的平衡；我们用外在的过山车，激活了内在的勇气；我们用外在的伙伴，激活了内在的责任感；我们用外在的混乱，激活了内在的稳定与秩序；我们用外在的难题，激活了内在的创造力……成长，不是做加法，也不是做减法，而是不断打开自己生命力的"宝藏"。宝藏就在那里，不增不减。小朋友来这个世界的时候已经带着这一生所需要的全部的力量和智慧，只是大部分处于休眠状态。教育的意义，不是要求他们达成外在的标准，而是用好外在世界的练习，让他们成为自己内在世界的主帅。

　　站在教练型父母的角度，外在世界的一切，不是用来完成结果的，而是用来支持小朋友成长的。如果只是为了完成，焦点在事上，就会想找到最方便有效的方式去实现结果。而如果用来成长，焦点在人，就会寻找最能充分发挥小朋友的生命力的方式让他们去完成。任何结果都是暂时的，只有人的成长，是受用终身的。如果我们在亲子教育里，嫌麻烦，想迅速地搞定，想立马看到结果，想找到简单的方法……那焦点就都在事上了，而不是着眼于孩子的成长。

内在世界由外在世界激活

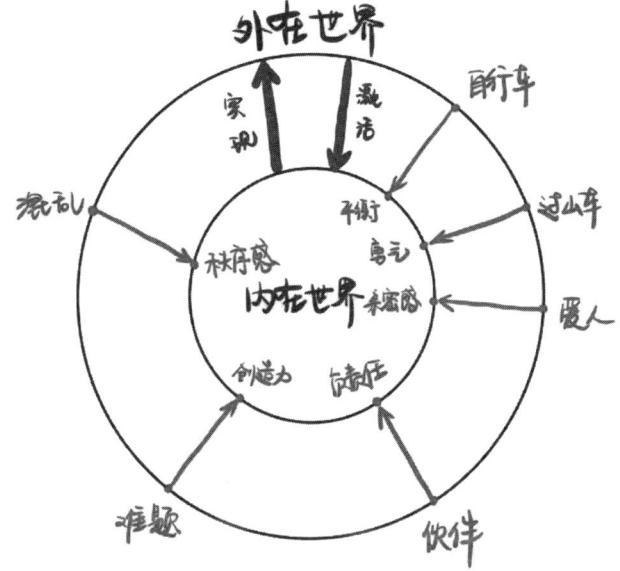

比如，我们会教他们学习。学习重要吗？重要，因为在学习的过程里，他们会训练自己的理智中心，内在的安静、专注、秩序就会被激活，会把自己用得越来越好。不同学科的学习，会激活不同的内在态度：语言的学习会激活连接与表达，数学的学习能激活秩序感和创造力，艺术的学习能激活美感与弹性……不是学习本身重要，是孩子们在学习的过程中一点点训练自己的行为，训练自己的情绪，训练自己的思维的过程很重要。真正有价值的，是人的智慧在学习中被唤醒、被拓展。所以人际关系的学习也很重要，因为孩子们在其中学习聆听、接纳、表达，学习体贴、关怀，也学习边界和立场……运动也很重要，因为孩子们在其中学习力量、平衡、协调，在其中学会爆发、隐忍、协作……做什么都好，都只是创造一个机会，让生命看见自己。看见了自己，便是成长，否则，只是为做而做。

再比如，带孩子学跑步，学的不是跑步，而是让孩子在"跑步"这个过程中，学会了解自己的体质、体能，学会在跑步的过程中用好呼吸、用好肌肉力量、用好协调与平衡。如果只盯着跑步这个行为，孩子就想跑得快、跑过别人、跑得远，而对自己没有意识；如果跑到了一定的程度，水平就卡在那个位置了，也不知道要对自己做什么，就会很容易挫败。而且，如果对自己的身体没有意识，就很容易运动损伤。所以学跑步，只是借"跑步"的过程学会了解自己的心肺功能，了解自己的肌肉状态，了解自己的协调能力；当孩子了解了自己，他们只要在自己身上下功夫，不断激活自己的内在生命力，跑步这件事情自然就会有所不同。

又比如，孩子们学写文章，如果焦点放在"文章"上，孩子们就会觉得自己不会，或者做不好，因为没写过。如果焦点放在孩子本身，他们只是通过写文章的过程看见自己的表达能力，而表达能力，每个人天生都有，只是用出来的程度不一样。就像胳膊本来就有力气，只是不训练就不能激活力量，就用不出来。所以孩子在写文章的过程中，真正要关注的是自己发生了什么，有没有表达的意向，有没有表达出体验，有没有表达的章法。表达意向，是真心想要分享给别人的领悟，这就构成了文章的主题；表达体验，是自己用什么样的态度说话，想别人听见怎样的情绪，这就影响了文章的风格；最后，有没有用好表达的工具，清晰、充分、有结构地表达出自己的想法。字、词、句法、篇章结构，这些都是表达工具，如果不够用，是认知的局限、能力的局限还是态度上没重视，总之都有下一步。当一个孩子了解自己了，他就知道，是自己本来就没话可说，还是表达的时候情绪共鸣不够，所以不吸引人，抑或是表达的章法有欠缺，他就能知道自己该做点什么。

曾经有个小朋友，在写文章上卡住了。我看了他写的东西，是有话想说的，而且态度很鲜明，就是表达的章法没有建立起来，因为词汇太局限，具象的事物好表达，一到抽象的描述就不知所云。这其实跟孩子的阅读结构有关系，他只喜欢看故事书，看的时候焦点都在情节上，就对字、词的运用很忽略，所以他写的文章，还是有些部分很生动，但一到细节描写就卡住了。我就问他的阅读是不是大多是故事类，他说是，他就想知道后来发生什么了，就会一直追着看下去，爸爸妈妈也因此觉得孩子很爱读书，但其实，字、词的营养都没吸收到。所以我们不评价文章好坏，只是帮小朋友发现，为什么他在阅读的时候对细节没有耐心，帮助他找到一些方式来感受字、词的魅力，这样小朋友就会清楚地感觉到自己一点点变得不同了，自己的表达更丰富、更精准了，他就有兴趣继续学着写文章了，因为他想在文章里看见自己的成长。

家庭教育，跟孩子后面会经历的学校教育、社会教育最大的不同，是"高端定制"。学校教育和社会教育，都是集体教育，内容和节奏都是为群体设计的，只有家庭教育，父母的焦点只在"这一个"孩子。哪怕家庭里不止一个孩子，父母也还是可以针对每一个孩子做出设计。所以作为父母，我们最重要的一件事情，就是帮助孩子在"内在世界"和"外在世界"之间建立起有效的联系，这是我们从第一章就开始说起的：每个人都有一个无形的内在世界，也有一个有形的外在世界，我们在外在世界的任何成果，终究都取决于我们在内在世界如何用好自己。如果家庭教育中，孩子对自己建立起足够清晰的意识，他们就能在后面的学校教育、社会教育的群体教育背景下，为自己选择适合的成长方式。但如果，在家庭教育里，我们没有看懂眼前这个孩子，只是套用了一些惯用的教条和标准，孩子就失去了认识自己的最好的环境，他们会在后面的成长里拼命努力达到标准，却对自己的生命一无所知，他们不是不想做到，只是对自己无能为力。这种盲目的努力，是很伤信心的，所以他们有时显得经不起挫败，因为对自己的生命体验很空洞，支撑不了失败感。

所以，不论孩子发生什么，教练型父母所关心的，不是迅速解决问题，而是如何带孩子在其中经历成长。

还是举一个我女儿的例子。她读小学的最后一年，寒假时间太短，我跟她爸爸的时间没对上，没能带她去远一些、好一些的雪场滑雪。等她开了学，我跟她爸爸刚好有一周的空档，她对我说，妈妈，我今年没有好好滑雪，我们请假去滑雪吧。我说，可以啊，但是请假不是解决这件事情的方式，有什么办法可以既滑雪也不耽误你的学习，你自己安排好，我们就可以去。她就真去安排了，跟老师问了这一周的课程内容，跟同学约了谁帮她补哪些课，怎么帮她交作业，每天滑到几点就回酒店，刚好同学下课了她就可以开始学习。她说完了这些，我其实已经觉得她挺棒的了，但是还有一些，是她这个年龄考虑不到的。

我说，还有几件事情，你要自己搞定。第一，你请假滑雪，是有可能影响到其他同学的，我不要听到有别人的妈妈来找我，说她的孩子被你影响了，也想请假了，不是哪个妈妈都愿意小朋友请假去玩的。第二，你请假，你的同学帮助你学习，不是理所应当的，除非你让他们体验到帮你这件事情是有价值的，否则，你人在外面，如果他们什么也没有帮你做，你也是没有办法的。第三，我看到什么结果，才能知道，这次请假没有影响到你的学习、你的同学关系、你跟老师的关系呢？

小朋友很认真地听了我的问题，然后说，妈妈，我会自己处理好的。

后来她的确处理得不错，我们出去玩得也很开心，回来以后她的同学也很开心，因为她每天的分享让她的同学也觉得很有意思。我们回来以后，就有同学的妈妈问我说，你们为什么要请假去呢？再多等一周就放春假了，不就可以去了吗？我说，如果是放春假去，的确在事情上是妥当一些，但是既然小朋友能够自己安排，我愿意支持她选择另一条路，一条挑战大一点儿的路，她可以学到更多东西。她学到怎样负责任地感召老师，学到怎样有效规划时间，学到怎样寻求别人的支持，学到怎样在考虑别人的感受的同时也做自己，这些学习对她未来的人生很重要。这个妈妈又问，那你不怕她学习会跟不上吗？我说那太好了，那她就多做一个练习，怎样在落后的位置追上去，怎样在时间有变动的时候不耽误整体进度。既然她有自己的想法，她也不是逃避学习，只是想创造性地处理问题，为什么不借此机会，把难度放大一点呢？我们想孩子中规中矩地成长，其实是想用最省事的方式带他们长大。但人生不会省事，会有各种变化无常；舍得练孩子，也舍得练自己，才是站在生命的高度看教育。

孩子能够给到我们服务和支持他们的时间，其实并不多，也就是这短短十几二十年。在这不长的时间里，我们要带他们"向内学习"，了解他们的内在世界，锻炼他们活在这个世界上的基本功；然后我们也有机会带他们"向外学习"，了解外在的世界，知道怎么样玩赢各种生存的游戏。在向外学习的过程里，很多人都可以帮到他们，他们的老师，他们的朋友，将来他们的爱人、老板，甚至互联网，都可以帮助他们向外学习；而向内学习，最好的老师只能是父母，这是他们人生的三大核心关系的源头。孩子的基本功练好了，能够用好自己，想调动什么能量就调动什么能量的时候，他当然愿意对自己负责任。但是，如果他调不动那个能量中心，用不出来自己的生命力，他就会觉得有心无力，没有办法对自己负责任。我们回到做父母的本分，成为孩子这趟人生的启蒙者，完成家庭教育的意义——成为有营养的土壤，滋养种子的生命意识，激活种子的生命力。

教练型父母的基本功：找到"生长点"

相对于教练型父母，我们经常会一不小心，活成了上帝般的父母。

首先，完美正确。

上帝般的父母，似乎手握一切答案——我能够清楚地知道什么问题应该怎么解决，你应该怎么吃饭，你应该怎么穿衣服，你应该怎么安排你的时间……这完完全全是父母的一场自恋。很多我们自己都还没有搞定的问题，却希望可以教导孩子搞定。我们以为可以给到孩子标准答案，但那是没有生命力的标准。孩子是在我们的生命态度里学习，不是在我们的语言逻辑里被塑造。我们会希望孩子做得"对"就能少付代价，但是真正的爱不是避免他受苦，而是在他经历生活的挫折和痛苦的时候，能点亮他心里的光。作为父母，我们也没有办法完美，没有办法全正确，而我们的不完美和不正确，恰恰是我们跟孩子共鸣的基础。孩子跟我们之间的共鸣，就是父母的不完美加上陪伴成长的诚意，这样才能共同学习。

其次，企图能够给予一切。

我们总想给到孩子最好，给他爱，给他照顾，给他好房子，给他好学校……我们恨不能包办他生命中所需要的一切美好。但我们得知道，孩子最终要学会为他自己创造满足感，为他自己创造力量感，为他自己创造安全感，为他自己创造激情、喜悦、连接感。我们得承认，我们其实无法给予他们什么，但是我们可以陪伴他们，帮他们学会给予自己想要的一切美好。所以最棒的父母，不是我们能给他们什么，而是我们让他们意识到他们能为自己做什么。

最后，我就是规则，我就是真理。

我们会以为定了规矩，孩子就会在规矩里学会自律，而一个不能为自己建立秩序的人，如何自律呢？当我们把规则都定完了——他的行为的规则，做什么、不做什么；他的关系的规则，跟谁玩儿、不跟谁玩儿、见人要做什么；他的时间的规则，安排满他的时间表——他只能跟着我们的规矩去执行的时候，我们就剥夺了这个孩子经验"混乱"的机会，也剥夺了他们在混乱中找回秩序的过程。所有的孩子都要通过试错来学习，都要在"做不到"里慢慢找到"我可以"；他们只有自己在混乱里慢慢找回节奏和秩序，才会"入心"，而不是"上脑"。上脑的规则，是僵化的"正确"，会成为一种自我逼迫，做不到的时候就会批判自己，做到的时候就会批判别人。只有入心了，这个规则才是"有活性"的，是服务于孩子的成长节奏的，才能根据生命的需要不断升级更新。我们是要支持孩子如何有智慧地活着，而不是正确地活着，因为这世界上本没有唯一和永远的正确。

教练型父母最重要的基本功，是从"外在问题"里看到"内在课题"，是放下对错评判，找到孩子的"生长点"。

我们非常容易看到外在的问题，外在的问题来自我们的对错评判。比如说，孩子吃饭的时候很磨蹭，米都吃到桌上，这个就叫作错；孩子认真地吃完饭，吃得很多，这个就叫作对。孩子做功课的时候一边做一边玩，这个就叫作错；能够一回家仔仔细细把功课都做完了再去玩儿，这个就叫作对。如果有玩具愿意分享给别人，这个就叫作对；孩子说"不，这是我的"，这代表小气，就叫作错。在学习上越考越好，就叫作对；如果有一段成绩下滑，孩子有厌学情绪，就叫作错。在时间上，都能准时，就叫作对；有时候准时有时候迟到，不靠谱，就叫作错……用"对错"评判来看孩子，这个操作是很简单的，但是接下来可以怎么样支持孩子成长呢？是很费劲儿的。甚至我们无意识的信念，以为告诉孩子他们有什么"问题"，他们就应该"改正"。但极有可能，他们的"问题"正是他们在努力生长的过程，要经历一个阶段性失衡的过程，才能不断地重建平衡，才能长大。

举个小例子。有个挺"乖"的孩子，在他上初中以前，都严格地按照妈妈给他定的时间表，很努力地学习，成果也不错。但是当他到了中学，问题发生了，因为他之前所有的优秀并不是他自己的节奏感，是妈妈定下来的节奏感。

到了中学，有更大的自主学习的空间，他需要跟同学们去讨论和合作，人际关系就出问题了。因为他拼命地要找确定性，没有空间去容纳不同的想法；在时间上也没有什么弹性，很害怕离开确定好的节奏，很难跟别人协调。但是每个孩子的节奏感都不一样，有些孩子就是要集中到最后，才有爆发力；有些孩子就是会想一出是一出，但很有创造力。每个人的思维特点和时间习惯都不一样，这个习惯了活在"时间表"里的孩子就很抓狂，很难跟别人合作，总拿道理教育同学，他也觉得同学都不喜欢他，成绩就开始下滑。后来，我们沟通完，他也意识到自己发生了什么，也愿意调整自己，就跟妈妈商量说，能不能休学一年，调整好自己再开始。这个孩子做出休学一年的选择，我体验到他不是逃避学习的压力，他就是想找回自己的节奏感。这个选择也是很不容易的，他其实也觉得有点儿丢人，但他愿意对自己负责任。我问他，休学的时间打算怎么安排？他说想用这个时间，读一点儿自己爱读的书，找回阅读的乐趣，把之前匆匆忙忙为应付考试学过的东西再梳理一遍，他觉得以前那样的学习没有趣味，那不是他想要的。在这个孩子说这些话的时候，本能的能量很实在，情绪的能量很松弛、很喜悦，理智的能量很清晰，能够对他的想法作区分，这个状态意味着，他是真心想为自己负责任，而且有创造力。但是这个妈妈就很焦虑了，她不允许孩子休学一年，因为她觉得这是逃避，这代表孩子没有勇气，如果这次同意了，以后他会一有困难就退缩，将来他人生里每次有困难的时候他都能停下来吗？于是，孩子就再一次服从了妈妈，继续去读这个对于他来说已经很痛苦的书。

结果怎样，其实你们能猜到的。这个妈妈认为自己给到孩子的选择非常有道理，遇到困难你要迎难而上。但是这个道理，是不是适用于这个孩子目前的生长阶段和他的"生长点"呢？他还没有找到平衡，你要他飞奔；他该练的是弹性，你非要他练强硬。说的话每句都对，但就是对眼前的孩子的状态完全忽略不看，只想孩子在自己的标准里长大。当这个孩子到了情绪之理智的阶段，非常容易回撤，又是敏感、矛盾的阶段，他就有点儿抑郁了。后来他还是不得不休学，花了更多的时间来处理情绪上的障碍。这就是我们执着自己的"对错"，却没有尊重生命的发展规律，逼迫孩子来到了我们认为合适的节奏感里，他们就越来越找不到自己的结果。

每次遇见这样的故事，我是很痛心的，在写下这些文字的时候都还想哭。我也能体会妈妈的心情，她也没有做错什么，她只是在自己的"认为"里做着她知道的努力。这就是为什么，我们要把焦点放在父母跟孩子一起心智成长上，因为父母的心智成熟程度就是孩子成长的"天花板"。父母活在自己的局限性里，但自己不会觉得，因为每个人在自己的"对"里面，都觉得特别合理。可是每个生命都不会听别人的指令，孩子的生命，不是用父母的观点就能"塑造"出来的。不过没关系，人生百年，就是有足够的余地给我们犯错误。我们要允许孩子试错，也要允许自己试错。但是得有意识，有章法，在试错里才有下一步。

要放下"对错"不是一件容易的事情，因为我们已经习惯性地这样思考了几十年，一放下标准，就觉得没有依靠，不知所措。

放下"对错"，不意味着我们不做识别、没有底线，而是不用"对错"来简单地裁决孩子，不用单一的标准来思考，而是用系统的章法来思考。当我们用"对错"来管教孩子的时候，父母很省力，但是孩子很费劲儿；我们只是把一个标准丢给他们，但他们不能找到自己的重心，对自己没有足够的了解，很难真正具备为自己做选择的能力。

孩子的"问题"，也是努力"生长"的痕迹

我们内在的生长"课题"和外在遇到的"问题"，都是对应的，就像我们买了车，才会发愁有没有车位，汽油涨不涨价；我们生了孩子，才会头疼学校好不好，学费贵不贵。孩子也是一样，正因为他们在成长，所以才会不断发

展出新的问题。就好像爬山，好不容易才爬到那面坡，但摔倒了，我们不能只盯住他的"摔倒"，还要看见他是怎么"攀爬"到这个位置的。有父母跟我说，他们家孩子时间安排得乱七八糟，做了这个忘了那个。我说，那你们有没有看到，他在时间里装进去了越来越多要做的事情呢？这不是在成长吗？所以他不是混乱了，只是还没有具备应付复杂时间安排的能力。也有个妈妈很苦恼孩子做功课，一道题不会就卡在那里想半天，就不愿意绕过去先做别的。我说，那你有没有看到，她正在发展自己面对困难的勇气呢？她只是没有学会放下情绪里的抗拒，有点儿较劲儿，但仍然在努力长大啊！

所以我们不要把孩子的所谓"问题"当作问题看，要当作一个中立的"现象"，只是他们的生长遇到了阻力，而他们还没有找到新的平衡。我们不评判和抗拒这些问题，才会愿意看懂背后的信息，跟他们一起做出探索。

人的所有行为表现、情绪表现和思维表现，都是三大中心合力呈现出来，如果有一个中心能量失衡，就会出现所谓"问题"，也就是无效。但是三大中心总会失衡的，任何一个中心的发展都会对另外两个中心提出新的要求，这个过程中就会出现新的"问题"。所以，只要孩子在"长"，各个中心之间的关系就要不断失衡，不断重建平衡，我们要找的"生长点"，就是他们在问题里暴露的，是哪个中心的成长课题。

还是举例子来看。一个中学生作弊，老师觉得很意外，因为这个孩子在学习上是很努力的，但的确有一些吃力。曾有同学说过这个孩子考试的时候会作弊，老师看她这么努力，就没有当回事儿。后来有一次考试，这个老师监考，亲眼看到了这个孩子作弊，做了很多的小抄，而且很细致，一看就知道不是第一次。老师把这些小抄没收了，自己感到很伤心，因为之前他有跟这个孩子谈过，孩子信誓旦旦地说"我有多么努力""我每天要喝几杯咖啡""我很早就起床"，所以老师在情感上一直是很愿意去相信这个孩子的。那天当他自己抓到了这个孩子作弊，他既觉得自己被骗了，又从另外一个角度觉得自己很疏忽他的学生，就问我这样的状况该怎么处理。

还是一样，第一步都要停下"对错"，这不是要认同她作弊，而是不要企图用"对错"评判就能帮到这个孩子。有家长会说，孩子作弊肯定是错的，如果这个时候你不带她去知道她有多错，对她将来的人生是多么大的误导！这就是我们的误区，我们总是逮住孩子所谓做错的事情去教育她，我们会把她对自己的体验和对我们的体验锁定在最糟糕的那个位置。而且，你以为她不知道作弊是错的吗？如果她不知道，她为什么要想办法掩人耳目呢？如果她不知道，为什么要偷偷摸摸？她清楚地知道这么做有多错。

如果她都知道是错，还是选择这么做，一味指责她"错"有什么意义呢？除了打击她对自己的信心，加剧她对自己的否定，使她趋向于逃避直面别人的指责，没有任何帮助。这样做的后果，是会剥夺了孩子的心灵能量——在本能中心打击了她的价值感，在情绪中心破坏了她的连接感，在理智中心剥夺了她内在的骄傲感。当这些心灵的能量被剥夺了，她即便知道什么是对，也没有"心力"去实现。所以对于孩子而言，最难的不是他们不知道什么是对——这个世界上太多的人可以告诉他们怎样做是对——最怕的是他们心里没有那个力量，不相信自己能做到。这也是为什么有很多的成年人，他们也知道在自己的亲密关系里要负责任，但是他们做不到，一旦在亲密关系中有些抗拒，有些压抑，他们调整不过来，就想要去找另外一份安慰。并不是这些人不辨是非，而是他们的内在力量不够帮助他们面对关系的挑战，所以逃避。

这个孩子明明知道作弊是错的，她还是做了，意味着什么呢？意味着她被困住了，找不到出路啊！当然，她遇到的难点一定不会没有办法解决，只是她找不到办法，这就是她的成长受阻了。我们要带她找到生长点，就要中立地看待作弊这件事情，看看她内在的哪个中心能量失衡了。有可能是本能中心受阻，自我价值受挫，企图用成绩来找回价值感。又或者，不觉得学的东西有价值，学不进去，就想用策略对付过去。也有可能是情绪中心受阻，担心不能满足家长或者老师的期待，会破坏关系。又或者，看到别的同学作弊，觉得自己不这样做就吃亏了。也有可能是理智中心受阻，比如说遇到了学习能力的瓶颈，自己突破不了。又或者学习量一大，节奏被打破了，自己就乱了。各个中心受阻当然不只是这几种可能性，我们需要从孩子身上找素材，才能看见他们究竟在哪里被卡住了。

老师开始意识到，之前他不断地跟这个孩子强调这次考试有多重要，会影响升学的分数，所以这个孩子就活在成果压力里了。成果压力的意思是，如果考试的结果不好，等于我这个人的价值就被否定了。所以很可能在那个时候她就失衡了，就偏执地把焦点放在"我要这个结果！"内在一失衡，她就会不择手段地实现这个结果，而且不计后果，这就是个本能中心的困境。这个孩子在这件事情里的生长点，是在本能中心。本能中心三大课题，先价值感，再力量感，再现实感。我们能看到她的行为里，太过想要现实结果，而内在力量感又不够，就会找策略来弥补自己认为没有力量做到的。那意味着，她的价值感不够支撑她的力量感和现实感，她就很容易在现实压力里匆忙应对。这样，我们就找到了这个孩子的生长点，在那段时间里一定发生了一些事情，让她怀疑自己的价值。我们要带她重新找回对自己的力量的确认，不是在模糊的失败感里胡乱扑腾。就好像她掉进水里，拼命挣扎，越挣扎越呛水。我们去扶住孩子，带她站稳了，她会发现其实水没有那么深。孩子的失败，其实都很有限，但如果我们不扶住他们的"价值感"，他们的"失败感"就会无边无际。

我们一直在说，不要要求孩子爱上学习，我们要帮孩子爱上学习中的自己。如果他们的焦点只想要学习的结果，他们就想用最直接、最容易的办法拿到结果。所以，当这个孩子一面对成果压力，她就会忘掉了学习对自己真正的意义。这也是我们在教育中经常会自相矛盾的地方，我们不断地对孩子说，学习是为你自己学的，学习是服务你自己将来的人生，但是我们的焦点又很容易就放在结果上面，结果决定我们的反应。所以，究竟是孩子的成长重要，还是结果重要呢？我们失衡了孩子也难免会失衡的。

还有一些孩子作弊，可能来自关系的压力，是情绪中心困境。比如说，他可能在关系里很希望满足父母的期待，很想让父母为他骄傲；又或者他有兄弟姐妹，他想在跟兄弟姐妹的关系里有比较优势；又或者这段时间他觉得老师很欣赏他，他不想让老师失望，所以分外担心自己考不好；又或者他之前成绩很好，这一段时间不知道为什么就学不好，担心别人小看他，为了维护好学生的"形象"就会想用一些权宜之计；他也不是想欺骗谁，他只是不愿意在关系里看到别人对他失望，他承受不了这样的负担。这意味着什么？这意味着我们在关系里，可能用夸奖孩子的方式，或者用情感"绑架"了他。有些时候我们以为是在鼓励孩子，但其实是把他们"架"在一个位置不容易下来，这样他们就必须努力实现这个"人设"。当孩子活在这样的"认同感"和"情感"绑架里，他会觉得努力学习是在为关系而付出，这样的想法对他们是有推动力的，但是因为焦点都在别人身上，不在自己身上，所以也很容易就失衡，忘掉自己要什么，一有波折，就会放大挫败感。对于孩子而言，他们有些想法是很单纯的，他们甚至会觉得，先把这次试考过去，拿个好成绩，接下来我再好好学，把不会的补上，这样就不会被别人发现，也没有损失什么。他不会因此而觉得作弊是一件羞耻的事情，他只觉得是应个急，他只想保护形象、维护关系。这样的孩子我们也遇到过，只是后来他们发现，用这样的方式把考试应付过去，也就不会学了，因为他们的焦点在关系，不在学习的本身。而且那些不会的内容一旦被绕过去，他们其实很难再去面对，也不好请教别人，担心会露馅儿，这是一条单行线，他们发现自己回不去了。如果是这样，他们的生长点在情绪中心，有可能是顾虑形象，那是情绪之本能的卡点，"生长点"是学会坦诚和面对的勇气；有可能是担心破坏关系、失去爱，那是情绪之情绪的卡点，"生长点"是学会信任关系，学会寻求支持；也有可能是他就抗拒这门课，或者就想挑战一下老师，这是情绪之理智的卡点，"生长点"是接纳人的多元，学会与不同人格特质有诚意地相处……当我们从问题里找到生长点，我们会看到孩子的无力、无奈，也会看到他们的可爱；我们会体验到这个生命为自己所做的努力在一个拐角被卡死了，自己生拉硬拽，没戏就放弃了。我们可能带他们松一松劲儿，轻轻一挪，拐个弯儿，就是全新的天地。

当然还有可能是理智中心的困境。我读书的时候就遇到过这么一个同学，他学数学本来没有问题，一学到几何的时候就卡住了。可能是思维的图像化能力差，他就是看不懂几何的图，平面的复杂些都费劲儿，更不用说立体几何了，他就是没有办法把数理跟图像结合起来，总是要看别人怎么做，一到考试就要拜托周围的同学。但是在同学的角度，真心觉得他好可怜，他又不是不努力，只是那个时候也不知道怎么帮他。现在想，那时候其实他只是遇到了一个思维模式的瓶颈，但是没有人教他怎么训练这部分能力，他也不敢问，成绩就掉下来了。这个成绩又影响到他在家庭里的关系，觉得自己不受重视。然后又影响到他的自我价值，令他觉得自己是个没有价值的人，慢慢地他就开始厌学了。这是一个典型的理智中心受困，下行到情绪中心影响关系，再下行到本能中心影响自我价值的过程。而其实最开始，不过是一个思维模式没转过来而已，只是没有人帮助他发现这个"生长点"，只知道评价他的结果，觉得他不够努力，孩子就被卡死在那个位置了，甚至一生都会逃避这个课题，遇到就让过去，就会限制了他的发展。

评价孩子，给他们扣上概念化的大帽子，这是最容易做的事情，但是这种笼统而表面的评价并不能帮到孩子，反而会让他对自己有更多的局限性的认知和误解，觉得自己这也不行，那也不行。等到他们陷入自我否定，我们又想花力气把他们拎起来，又使劲儿鼓励、推动，孩子就更找不到重心了。

在前面的例子里，我跟老师说，你一定要帮这个孩子找到她的生长点，你得让她知道，老师跟你计较的不是作弊这件事情，而是在乎你这个"人"发生了什么。作弊意味着什么？意味着我们进入压力情境了，在某一种压力里，我觉得自己不够用了，才会用一些辅助性的手段帮我拿到结果，对不对？那到底我在哪里不够用了呢？是在价值感上不够用了，对自己在学习这件事情上失去信心了吗？还是在关系里，太担心妈妈看到我的成绩会不开心呢？还是对这一门课的知识，觉得自己拿不上手，没有头绪，不相信自己能做到呢？那我们就找到这个难点呗，那不是因为我们不够好，是因为我们在成长啊，总会遇到新的难点的。

后来这个孩子有跟老师分享，成果压力的背后，也有对妈妈的担心。妈妈带着她不容易，她不想成为妈妈的负担，很想让妈妈不为她操心。这是关系的困境，那我们就带着她在这个关系的生长点里，让她明白她跟妈妈的连接点，不只是成绩这一个点，我们可以把成绩和关系分开处理。在这个例子里可以看到，生长点可能不止一个，但在任何一个生长点里做功课，都会有效果。

说多一点吧，在这个关系的困境里，我们可以看到，妈妈在情绪中心的位置，也是被卡住的。妈妈可能用自己的"不容易"来影响女儿，本意是想督促女儿好好学习，但是这种情感的负担是一个孩子"消化"不了的，会有沉重感，会容易觉得自己"不够好"而让妈妈受苦了。这也是为什么我们一直强调，父母要愿意在自己身上做功课，找自己的生长点，才能真正陪孩子一起成长。

再举一个例子吧。编辑老师一直提醒我，要多举例。的确，例子会让我们对原理更有体感些。也欢迎大家，未来有机会把你们的例子分享给我们。

一个朋友的儿子，上初中，平时就他跟姥姥两个人在家。妈妈工作特别忙，就通过姥姥来遥控管理孩子：有没有做功课，有没有认真读书，时间管理得好不好……有一天姥姥气急败坏地给妈妈打电话，因为孩子在家里做功课的时候不专心，做一会儿功课，玩一会儿手机。在玩手机这件事情上，我们也得留意到，有时候是因为他们有压力，用玩手机来排解情绪；有时候是因为遇到难点，想找件轻松的事情转移一下焦点；还有一些时候，他们用手机上网去找灵感；也有可能用手机来放松，甚至奖励自己做得不错……我们得看到他是哪种状况，才好对话。那一天姥姥显然没有看出来这个孩子玩手机其实是在学习里焦虑了，姥姥就很生气他不专心，对孩子发了脾气。这个孩子就恼火了，觉得不被理解："我已经很烦了，你还要吵我，你又帮不到我，又不停地批判我！你就不能给我一点儿空间吗？我也在帮助自己调整啊！"孩子的愤怒爆发了，把手机给摔了。

姥姥在给妈妈的电话里控诉了孩子"四宗罪"：第一罪是不好好做功课，第二罪是玩太长时间手机，第三罪是跟长辈顶嘴，第四罪是把手机摔了。妈妈听完，也一下子就炸了，觉得这孩子简直做得太糟糕了，没有一件事情是对的。有些时候，我们真是看不见，其实是我们点了孩子的火，却只觉得是孩子瞎胡闹。妈妈就把孩子训了一顿，孩子自然也没什么话可说，因为他真的很"错"啊！但是孩子没有手机了，他做功课、接老师的信息还是需要手机的。妈妈就对他说："现在你要对你的结果负责任，从现在开始你要为自己打工挣钱，做家务，干活儿，挣回手机钱来。"妈妈觉得这是让他对自己的结果负责任。但是她这样做完了以后，心里其实也不踏实，就在我们线上课的功课里问我：这么做，对吗？

我说，你让他对自己的结果负责任，这个出发点非常好，可是你有没有找对"生长点"？你要他练习的，的确对他的成长有帮助吗？你要孩子去挣钱，你的孩子在这件事情里是跟钱的关系发生问题了吗？是因为他随便浪费了食物，还是不珍惜家里的东西？他摔手机是因为嫌手机便宜，不在乎妈妈挣钱的辛苦吗？你为什么要让他去练习跟钱的关系？

妈妈就听明白了，她说，我儿子不是跟钱的问题，他摔手机是因为控制不了自己的愤怒。

我说，我们再往回倒，摔手机是因为他控制不了自己的愤怒，他控制不了自己的愤怒，是因为姥姥的情绪放大了他的焦虑和烦躁，而这个孩子，他到底在焦虑什么、烦躁什么？这会不会才是他真正卡住的位置？

当妈妈再跟孩子一起去看这件事的时候，发现其实孩子是活在时间的焦虑感里，他也知道自己对时间有焦虑，有些事情可能来不及做，但是他越焦虑就越难专注。这里小小解释一下，我们跟时间的关系是属于理智中心的功课，理智中心受到压力，去到低频状态就是焦虑感，这种焦虑感会让我们特别想松动一下自己的情绪。所以这个孩子就会在焦虑感里，特别想用手机听一听歌，想跟同学说两句话，释放一下压力，仅此而已。我们自己体会一下，有没有一些时候时间越紧，我们心里越慌张，就越没有办法让自己沉下心来做一件事情？不只是孩子，我们也会这样的。当我们知道了，这个孩子的"生长点"是跟时间的关系，妈妈就要带他回到跟时间的关系里做练习，看看他的时间是的确不够用，还是不会用，还是效率出了问题。因为什么觉得时间紧，是情绪失衡所以习惯性焦虑，还是没有轻重所以安排得混乱，还是习惯了被安排所以自主调节能力差，或者因为想做的事情太多，以往的时间安排方式不够用，需要创造性地处理和升级……当我们跟孩子找到他在时间里的生长点，他就会知道不是他不够好，而是人越长大，要处理的事情就会越多，就是要不断调整时间的处理方式的。这意味着其实他是在处理复杂的时间状况。多棒的成长啊！这就是成长型困境，而不是孩子"有问题"。我们可以跟孩子一起，重新找到自己的焦点，重新规划自己的安排，同时接受在这个调整的阶段就是有不熟练、做不好的可能，不要一被老师催就紧张，慢慢帮自己找到节奏。有些事情做不过来，先放几天，调整好自己，再拿回来，反正学习也不是一天两天的事，要从长远着眼，不必急着应对。这样孩子才会真的关注自己，了解自己，然后知道自己要练习的是什么。

如果我们能从"对错"评判里跳出来，帮助孩子找到他的"生长点"，孩子会非常有力量。而且我们能真的体验到，生命内在是那么渴望成长，你会看见你的孩子，只要他摸到这个点，他就会真心愿意去努力做出改变，因为他能感觉到自己内在的生命力被允许、被释放出来。这也是为什么，如果我们找准了点，对孩子有立场，甚至带着挑战性的态度，要他们去做一些有压力，但是对他们而言有生长性的事情，他们是会很情愿的。孩子跟有立场的家长之间，会有一种深度的默契，他相信这个爸爸或者妈妈是爱他的，而且是信任他的，因为呼应了他自己生长的需要。当然，关键就是得踩在"点儿"上，而不是我们自己一厢情愿地"为了你好"。这个过程，我们得在孩子身上"拿资料"，得在沟通里体验孩子的反应，得尊重孩子的属性和发展阶段。这就是教练型父母，不是从"我认为"出发，不是从道理出发，而是用原理支持孩子，摸到自己的"脉"。

不企图"搞定"孩子

教练型父母是不会急于解决问题的，反正每发生一次都是学习和成长的机会，也就不企图"搞定"孩子，而是一遍一遍地陪着小朋友，学习从"外在问题"找到"内在课题"。这样的过程，会让孩子对自己的生命越来越感兴趣。他们不会简单粗暴地评价自己、评价别人的对错，而是能够精细地去识别：如果我做到了，我是在哪个点上做到的，接下来还有什么样的成长空间；如果我做不到，我是在哪个点受阻了，我要帮助自己做什么练习。

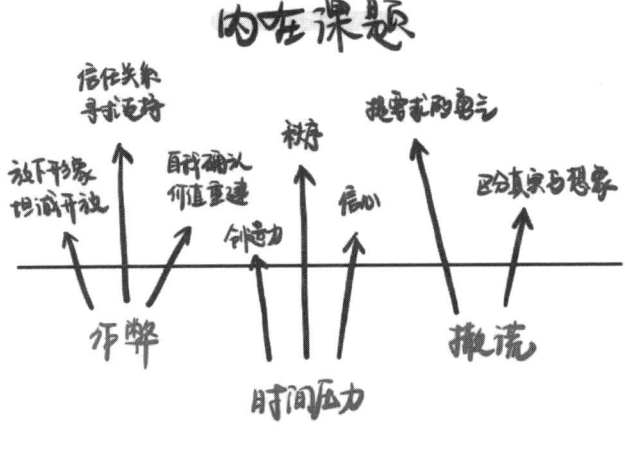

这样，他们就可以学会站在自己的内在世界，玩赢自己的外在世界；内在有领悟，外在有成果。而且，他们会对生命生出一种信心，这个信心就是不论他们在人生里遇到什么情境，都会知道，这无非是用来学习的而已，成长会带他们转化一切困境；若非得到，必须学到！当他们不被"对错"的评判困住，就会愿意在每个结果里继续找下一步，然后把所谓"错"的结果变成成长的过程，把"错"整合进一个更大的"对"。

我们有一个系统化思维的章法，叫作"天—地—人"结构，用来描述核心元素和元素关系。这个原理在这本书里就不展开了，我们就说一说，教练型父母的"天—地—人"结构。

教练型父母的"天—地—人"结构

天 — 主健　创造性解决问题的智慧

人 — 主和　连接情感和互动方式

地 — 主顺　父母自己的生命态度

地：父母自己的生命态度。

"地"这个元素代表根基，是整个结构的底盘，也是底气。我们自己是不是热爱生命，是不是负责任于建立关系，是不是愿意活出创造力，我们的生命态度是一切的基础。

在我们支持孩子成长的过程里，如果不能"自知"，不能够有意识地觉察和调整自己的生命态度，根基就会弱，其他一切努力就会显得没有说服力。

天：创造性解决问题的智慧。

"天"这个元素代表发展性，是整个结构的"天花板"，决定发展空间和可能性。如果父母在生活中面对每一个现实问题，都当作是一个释放创造力的机会，愿意尝试各种可能性，而不是执着于经验，只想要个解决的结果，孩子们就会对人生感兴趣，会觉得遇到问题、面对问题其实是件很酷的事情，人生就是不断创造新的玩法。父母的智慧，会建立起孩子对于这个世界的信心，不论现在是怎样，永远还有更多可能性。

人：连接频点和互动方式。

"人"这个元素代表和合而生，是整个结构的"枢纽"，将各个元素的价值整合在一起，充分发挥出来。就像宇宙天地，"人"的智慧，将一切的资源和合而生，创造出全新的价值。我们跟孩子之间有多少连接频点——学习的点、兴趣的点、感情的点、思考的点……我们的互动方式是不是有效——是不是能彼此聆听，是不是能敞开表达，是不是能痛快争论，是不是能情感共鸣……这决定了"地"的生命态度和"天"的智慧魅力，能对孩子影响到什么程度。

经常会有朋友问我，究竟怎么做才能教育好孩子？这个问题不着急，做法有无数种，各有各的打法。但是先得布个"场"——用自己的生命状态布个场——这个场能帮我们转化很多问题。所以会有父母很奇怪，为什么别人家孩子一句话就听了，自己家的动不动就得决一死战呢。看得见的，是方法；看不见的，是章法。这个"天—地—人"结构里的三要素，就是帮助我们建一个引力场，没有统一的标准，但是可以有方向感，不断建设自己。

稳住了这个建设自己的章法，我们才好说，在跟孩子的关系里，要做些什么。

还是放进章法来看，就三件事：站得稳，连得上，带得动。在上一章我们说"亲子关系难在哪儿"的时候，提到过三大困境：站不稳，连不上，带不动。现在，我们要试试开锁的钥匙。

首先，我们要站稳自己的态度，不论孩子发生了什么，我们不至于比孩子还焦虑、还抓狂，那样我们会用孩童心智模式去应对孩子的问题，最后就是两个小孩在吵架。那样也是玩不赢的，因为人家真的是小孩，胜在幼稚得很合理。当我们站得稳，才听得见、看得见，才能用自己的状态帮助孩子调频。站稳，就已经布了一个踏实的场，接下来再怎么做，水平高低、能耐大小，只会影响效率，不会偏离方向。

跟孩子两关系里
要做嘀什么?

站得稳

玩赢

听见

不断进阶
生生不息

带得动

连得上

看懂

　　站得稳，才可以跟孩子连得上——连上他们的意向，连上他们的情感，连上他们的思想，这样我们才能"翻译"得出来，他们究竟发生什么了。连得上，才有机会影响他们，而不是控制他们。

　　然后才是带得动。带动并不是命令和执行，不是单向的指挥线；带动是双向的互动，是彼此激活的关系。不是激活斗志，而是激活彼此对于生活的热情，激活丰富的生命体验，也激活无限的创造力。我们会成为彼此的钥匙，我们因为对方而更愿意活好自己。孩子若对他的生命没有意向，我们威逼利诱都没有用；当我们找到了"带得动"的体验，我们只要在自己身上花力气，他们就会跟着共鸣了。

这三个元素之间的关系，也还是"三"的数理，跟三大中心的原理一样，每一个元素都支持着下一个元素，可以一直循环，不断进阶，生生不息。这就是生命本来就有的智慧，本来的圆满。我们循着生命的"本来"，就能让我们的选择"合乎道"。

第三章

"站得稳"自己，才看得见孩子

父母要看得见和承认自己的失衡

每次有父母来问我关于孩子的问题，我都会先跟他们从自己的反应看起，不想对自己做点什么的，我们也就不必聊孩子了，我们能够为孩子做的，不会超过我们能为自己做的，我们得先建设好"土壤"，才能守护孩子们带来的生命力的种子。

父母跟孩子之间的关系，跟任何一段关系一样，要经营好，需要"真心+策略"。

真心，是生命之间的共鸣和承诺，是无条件的爱；策略，是有针对性、技巧性的方案设计，是在不能直接达到结果的时候可以变通和周转的办法。真心是基础，若没有真心的策略，便是卖弄聪明、各种算计与套路。策略是助力，没有策略的真心，就像"爱"在裸奔，虽坦荡，但不好接受。每个人，都是无限的意识活在有限的模式里，若没有真心，便不能产生共鸣，若没有策略，便不能干预和制约人的无意识模式。在这一章里，我们当然会谈到一些策略——基于原理设计出来的章法，还有一些工具和方法。而真心这一部分，就只能靠每个人对自己的觉知，谁也教不了谁。父母们很容易理所当然地以为，我们对孩子当然是真心的啊，谁能不爱自己的孩子呢！每个人都有真心，但不一定每次选择都能用得出来真心，我们无意识的心智模式一启动，就能遮挡了真心。这些在《成为学习型父母》里我们已经说过很多了。

怎么样才能站稳自己呢？我们得看得见和承认自己的失衡。

我们在跟孩子的关系里，一定有机会失衡，这也是我们跟孩子之间的缘分。因为孩子的成长过程，和我们自己的成长过程，会有很多"创伤共振"的点——我们在抚养孩子的时候，已经有很多行为模式、情绪模式、思维模式无形中影响到这个孩子了，而且我们也会无意识地把父母当年对待我们的一些态度放进我们自己的亲子关系里，这是无意识的。这就是为什么我们经常会说孩子是父母的复印件，这不意味着他们会表现得跟我们一样，而是有些模式在我们自己身上看不出来，可是在孩子的身上却看得非常明显，孩子会暴露出在我们身上已经隐藏了很久的"课题"。当这个课题从孩子身上暴露出来的时候，孩子的行为就会引发我们的"创伤体验"，启动我们的孩童心智状态。也就是说，只要我们抚养孩子，我们就一定会在孩子成长的过程中碰到我们自己的"痛点"，那些我们自己没有完成的成长课题。

孩子遇到的种种问题：跟人的关系、对待学习的态度、时间管理、空间秩序……如果这些问题，我们在自己的第一次成长里已经解决了，看到孩子不会处理，我们是不会失衡的，也会有足够的耐心来慢慢教给他们。但是，如果这个问题在我们自己的成长过程里就没有通关，当孩子又出现这个状况，我们就会又抗拒又无力，然后失衡。这个失衡有可能表现为扩张性的情绪状态：愤怒、暴躁；也有可能会冻结，不知所措，不愿深究而犯糊涂；也有可能会回撤，下意识地绕开这个问题，或者把这个问题转移到亲密关系里，给伴侣施加压力。

有父母跟我探讨他们的儿子在学校里跟同学打架的问题。他们自己都觉得儿子有些时候真的挺过分，别人随便一句话、一个眼神他就会很愤怒，然后会失控。他们担心这个孩子的情绪状态是不是有些过界。但是我们观察了以后，发现这个孩子其实很清楚地知道自己发生了什么，但是只要愤怒的能量一启动，他就对自己完全没有办法。我邀请妈妈去留意他们的家庭关系里是怎么处理愤怒的，妈妈觉得很奇怪，说："你看我跟他爸爸，我们两个连脏话都不讲，我们都不会跟别人很激烈地冲突，我们也从小教他跟人有矛盾要有善意地处理问题，为什么他会有这么多愤怒呢？"

他们看起来的确非常和善，所以他们不知道为什么儿子会表现得这么冲动。但恰恰是在他们的"和善"里，其实隐藏着一个课题，就是他们也不知道怎样表达愤怒，也不敢表达。可是愤怒这种情绪的能量，是每一个人内在都会有的，是一种很重要的生命力。小朋友在成长过程中，特别是在本能中心阶段，都愤怒过，都在愤怒里体验过自己的爆发力，这个能量是不会消失的。如果愤怒是被允许的，小朋友就会练习着慢慢用好愤怒。就像如果爬树是被允许的，小朋友就会练习着爬得越来越好，越来越会保护自己，反而没有危险。而前面说到的小朋友，明显跟他的愤怒的关系不好，所以很可能在这个家庭里，"愤怒"是不被允许的。于是妈妈留意到，在她自己成长的过程中，她是不被允许表达愤怒的，因为在她的原生家庭里，愤怒就代表没有教养，就代表没有沟通能力，就代表素质差。她的愤怒就被打压下去，表现出"周到""理性""善解人意"。所以后来，在她自己的小家庭里，如果有人愤怒了，有人不满了，他们就会停止沟通，就会不说话，用这种"冷静期"让愤怒过去。也许对于成年人来说，我们会觉得这是一种很成熟的处理方式，但其实在那个过程中有被回避掉了的冲突，也有被压抑了的情绪感受，那不是一个完全真实和开放的互动。而她的孩子在发展自己的情绪能量，他在家里找不到一个跟他充分互动的人，当他把愤怒表达出来的时候，爸爸妈妈就回避掉了。爸爸妈妈对愤怒的回避，令他也很不喜欢自己的愤怒，但又消化不了。他跟自己的愤怒之间的关系就很糟糕，在家庭里被压制的情绪，在外面找到一个机会就要过度地释放。这就是为什么他在跟同学的关系里，有些时候会故意找碴儿，他其实是在给自己制造机会，要把积压的愤怒释放出去。

当妈妈看清楚孩子发生了什么，她也开始意识到他们一家人跟愤怒的关系都不太好，所以当孩子要表达愤怒的时候，父母自己就没有什么空间接纳愤怒，也不知道怎样去跟孩子互动，就绕开了这个课题。当父母都不面对自己的愤怒，孩子在家庭里就没有学会了解自己的愤怒，更没有学会有效地表达自己的愤怒，也就没有学会用好愤怒。

这就好像小朋友学玩球，当他学会了怎样跟这个球互动，他就可以不论这个球怎么弹，都接得住。可是如果他不会拍球，不用力就拍不起来，一用力就可能把球给拍跑了，小朋友自己也很迷茫。我们跟自己的每一种内在的情绪能量也有这样的关系，要学会跟各种情绪能量互动。当这个孩子跟父母的关系里面没有办法练习"愤怒"这一部分情绪，他就放在别的关系里过度使用。所以每一次孩子跟别人打架的时候，妈妈都觉得特别不好意思，其实是她自己小的时候对自己的愤怒有羞耻感，在孩子的身上被暴露出来。我跟妈妈说，是时候重建你们跟愤怒之间的关系了，表达愤怒不等于攻击别人，我们只是要学会释放情绪压力，反而隐忍自己的情绪，它就引发更大的对抗，而没法流动掉。这就是我们在抚养孩子的时候，一定有机会暴露自己所要做的功课。

所以，我们要先看懂自己的失衡——当孩子出现了某个状况，而我们的情绪开始冲突，这就意味着这个问题不是孩子的问题，是我们自己的创伤重现。如果我们有以下的表现，就很可能是碰到创伤体验了。

首先，是我们拼命地"要对"。

我们在跟孩子的互动里面，要找各种各样的理由和证据，证明孩子有这样那样的问题，是不应该的。比如说，我们会拿别人的孩子跟他去比较，"为什么别的孩子做得到你就做不到"；我们会不断地用已经告诉过他的道理，说"我已经跟你说过很多遍……""我是不是教过你要……""我有没有给过你……""你看我为什么可以做到……"这些我、我、你、你，其实是在找一个权威的论据告诉孩子："你看我做的都是对的，你怎么会这样呢？一定是你自己的问题！"如果我们发现自己很依赖于什么是对，很想证明自己已经做对了，这意味着什么呢？意味着我们对于这个孩子没有办法，才需要找一个"对"的标准来放大我们的合理性，来强化我们对于孩子的控制力。

其次，我们的情绪产生了失衡。

情绪失衡，就是对情绪能量不恰当的使用。有三种表现，第一种是扩张，第二种是回撤，第三种是冻结。

比如我很愤怒，想拍桌子，拦不住自己的冲动，想干预别人，特别生气别人为什么不照我说的做，这些都是扩张的表现，是把失控的情绪能量扔出去。而回撤，是相反的，看起来我没有做什么，但其实情绪的能量过度地、固执地往回收，这样就可以拉远跟别人的距离，避免碰撞，也拒绝连接。这种失衡，我们会表现出不对别人作出反应，必要的反应也不做，甚至我们会用冷漠的方式，绝不允许别人对我们有影响，这些都是回撤。回撤的感觉是，我不知道怎么做，我很不舒服，所以我就不去做。但其实，我在用自己的状态暗示别人，"你做的是不对的，你犯了错误，该作出反应的是你不是我"。再说冻结，就是我们内在其实已经乱了，但是表面上的反应是无所谓的，有可能会表现出合理化，有可能会大而化之。总之，并不真正地面对这个问题，也不处理这个问题，只是给自己打了一针"封闭"，把自己真实的反应"关"起来。看起来是好脾气或者很乐观，其实是绕过了问题，用麻木自己来应对压力。

最后，是我们失去了创造力。

如果我们触碰到了创伤体验，小的时候"不知道怎么办"的体验就会启动，然后我们就会向外寻求一些经验，找标准答案，只想尽快解决，回避创伤体验带来的混乱与痛感。有些时候，父母来我这里探讨孩子的问题，但他们根本没有耐心，也没有兴趣跟我聊一聊他们的孩子究竟发生了什么，他们没有足够多的资料来告诉我他们在孩子身上观察到了什么，他们只是拼命地问我："他拿着手机不放，你告诉我怎么办？""他一做功课就抗拒，您教教我怎么跟他讲？""这个孩子太怕输了，真没出息，您说怎么才能治他这个毛病？"这些急于直接要答案的沟通，其实是没有创造力的表现。如果父母没有兴趣在孩子身上去做深度的了解，没有兴趣尝试着以不同的方式去互动，只想迅速地解决问题，这是因为父母自己的创造力受阻，才企图绕开问题的复杂性，这样就不用面对自己思维的局限。

如果以上的状态，有一条中了，就请警觉，很可能我们已经"站不稳"了。当我们自己站不稳，在我们的混乱里，就有可能夸大孩子的问题，也有可能误解孩子的问题，因为我们在"孩子的问题"里放大了自己的无力感，我们又怎么可能有信心陪孩子一起做练习呢？

识别到自己的失衡，承认我们自己的弱点被暴露了，是我们想"站得稳"需要学会做的第一个功课。

用智慧解开内在的捆绑

遇到了自己的失衡这一问题，怎么办呢？

用好失衡，才能重建平衡；面对、疗愈、烦恼里面生智慧。

首先我们得知道为什么需要学会面对创伤，学会疗愈自己。面对创伤体验，并不是沉迷在痛苦里，更不是拿过去的经历当作一个理由和借口，解释现在人生里搞不定的部分，而是因为过去、现在、未来，其实是一体的，是时间的三种表现形式而已。我们跟过去的关系，其实取决于我想要一个什么样的未来。真正的疗愈不是回到我们的过去，沉迷在当时的痛苦或者不满里，而是现在我的人生只要前进，就会遇到卡点，这个卡点看起来跟当下发生的事情有关，但是它的根基在过去的经历里，可能埋得很深。我们愿意看见这个"被卡住"的体验，曾经在哪里发生，它之所以会在我的人生里不断重复，是因为这道题没有做完。也就是"当下"的困境，不过是"过去"的另一个版本，雷同情境会不断出现，给我们一次又一次的机会，去完成当时没有玩赢的练习。

疗愈自己，不是用情感来安抚创伤，而是用智慧解开内在的捆绑。基于我们对未来的承诺，我想要活出一个怎样的自己，才会愿意面对当下的困境，看见那些过去的人生经验带来的锁结——身体上的锁结，情绪上的锁结，思维上的锁结。

或者简单地说，每个人在第一次成长里，因为生存能力的弱势，为了要应对环境，都会找到各种生存策略来保护自己——有强势控制的策略，有扮演弱小的策略，有求全讨好的策略，有假装无所谓的策略……这些策略会慢慢沉入我们的无意识，在我们身上留下限制性的痕迹。这些策略都曾经有效过，但是随着生命的进阶，脚大了鞋就小了；脚也没有错，鞋也没有错，只是要重新选择。生命就是一个不断代谢掉过去的形式才能充分实现自己的过程。

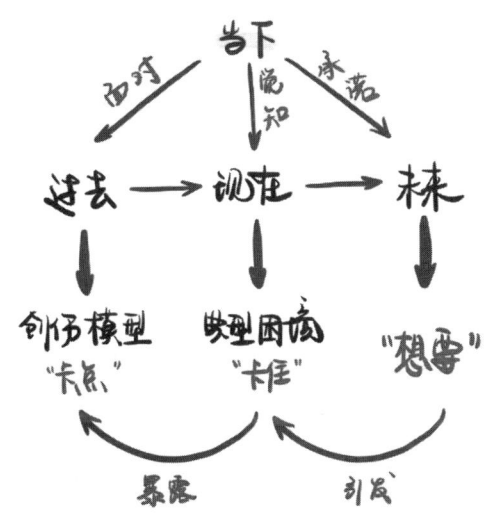

我们的过去、现在和未来是一条线索，这是我们跟时间的关系；我们以为是从过去走到现在，再走到未来，其实这三个点是一体的、有共振的。当我们在过去经历了某些创伤记忆，我们应对创伤的方式就会形成固化的心智模式，这个模式如果不解决，就会重现在未来。

比如，在成长的过程中，有些人遇到冲突的时候就学会了闭嘴，以为安静就可以把危险避让过去；而另外一些人，恰恰是觉得在冲突的时候，必须要先声夺人，才不会失去主动权。每个人就此形成不同的应对模式，应对模式一旦固化下来，就会在类似的情境里无意识地重复。如果在我们小时候，父母冲突的时候我只有闭嘴才是安全的，现在我跟我的爱人有冲突，也会闭嘴（当然也会有相反的应对模式，后面再说）。这是一种不加识别的、惯性的重复。我们会认为自己是对的，因为我的经验里就是这么处理的，哪怕是不解决问题的，也还觉得自己是"对"的。当我们无意识地重复，本来一个"开放性的未来"就变成了一个"封闭式的未来"，我们会用无意识的模式不断地创造雷同情境，总是得到相似的结果，然后我们就以为这是性格，以为我只能得到这样的人生。

有些人在生命中会不断经历背叛，他会以为这个世界就是这样的；又或者，总是在团队关系里被边缘化，他会以为自己就是这样的；又或者，他妈妈总对他吼，娶个老婆也这样吼他，他就以为女人就是这样的。但其实，这是昨天的模式重复在了今天、明天。所以我们说，过去、现在、未来根本就是一个点，我们的意识在什么样的状态，我们的人生就在什么样的状态；我以什么样的修为对待今天，就会以同样的修为解读昨天和创造明天。当下的念一转，再看昨天的经历就会看到不一样，明天的可能性也就不一样了。

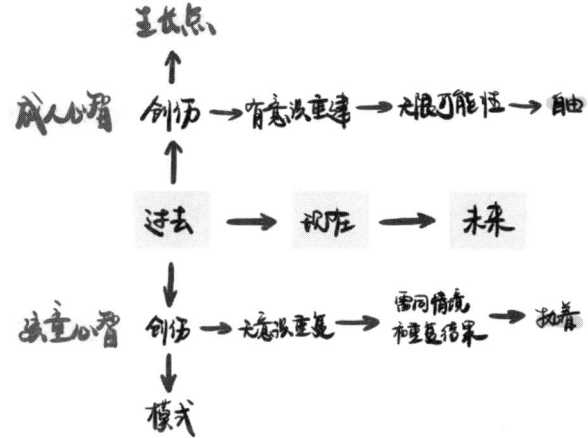

无意识地重复模式，是孩童心智；识别模式，找到生长点，创造新的选择，是成人心智。孩童心智渴望被理解，成人心智只感兴趣于找到"生长点"，实现内在的自由生长。

"生长点"是什么？就是那个小时候的"我"没有完成的内在课题。比如，面对父亲的权威和强势能量，小小的我们不知道怎么去沟通，只能躲闪或者配合，所以长大后看到权威就紧张。这就是小时候的创伤给我们保留了一个生长点，留到我们足够成熟和有力量的时候，来重新学习如何与强势能量相处，如何在强势能量面前开放地表达自己和坚持立场。当我们的创伤模式暴露的时候，做一个有意识的重建，创造性地去面对小时候没有处理到的挑战，就变成了一场自主训练，会拉伸自己的意识，升级自己内在的生命力系统。然后我们会知道，我并不是只能这么做人，并不是性格使然。当我们学会了有意识地重建自己，未来就充满了无限可能，我们就从一个封闭的固化的自己走向了一个开放的无限可能的自己。

想帮助孩子之前，先学会帮助自己

是孩童心智的选择，还是成人心智的选择，就决定了我们会活出怎样的人生。

执着的人生，是我一旦内在世界里形成了固定的模式，未来的人生也就已经被锁定了。虽然我们无法预计会遇见什么人、什么事，但是遇见以后我会作出什么反应，已经被决定了。

自由的人生，是不论发生什么，我都能看得见自己内在的反应，用内在世界的调频，不断创造出新的外在世界。

自由不是外在不受限制，而是内在对自己心里有数，能做自己的主。

用了这么多力气阐述父母如何面对自己的创伤，是因为父母的失衡是亲子关系的日常，父母的觉知是全新的亲子关系的开始。

决定写这本书的不久之前，我有一个朋友，发现孩子在学校里被打了。她的孩子是住校的小学生，周末回家，她很偶然地发现孩子的胳膊紫了，问孩子是怎么回事，孩子说是被班主任打的。可是她更恐惧的是，如果她不问，孩子都没有打算告诉妈妈，孩子也不哭，也不告状，也不难受。她一下子就觉得这个问题严重了，不只是孩子被打了，更重要的是孩子的边界已经被严重地破坏了，孩子可能已经习以为常了。她就拍了孩子的照片发在微信群里给我们看，又着急又害怕，不知道这件事情要怎么去处理。

我的焦点一定不会从孩子身上开始，除非有紧急的危险，而是要父母先站稳自己，先看见自己在这件事情里有什么失衡。我问她，想怎么处理这个问题，为什么会这么慌张？她就说，其实已经第一时间跟老师联系了，老师承认是她打的，然后给了妈妈几个理由：第一个理由，这个孩子没有好好学习，特别简单的题目做了很多遍都是同一个错误，你说不打他记得住吗？第二个理由，是你说的要我多关注你们家孩子，我在乎他，当他是我自己的孩子，我才这么对他的，否则，我不管他就是了，你是不是要我不管他？第三个理由，你们家孩子，只有这么管他，他才愿意学习，你看打完了以后他就专心了，他就老实了，他就是这种孩子。当老师说完以后，妈妈完全接受了老师的理由。之前看到孩子的伤还特别心疼，可是被老师说完了以后，竟然觉得自己理亏了。明明是自己要求老师多管管孩子的，怎么还可以对老师不满意呢！这个妈妈自己就混乱了，头脑里的想法和心里的感受开始打架，这样的状态当然解决不了任何问题。

我邀请妈妈，把焦点从孩子身上带回到自己身上，看看自己发生了什么；去留意，为什么对老师的话这么认同，在她自己的人生里有没有类似的情境发生？妈妈就很难受了，心里面有一个受伤的小孩被翻了出来，她哭着说："这就是我！"她意识到，她的孩子现在的状态跟她小时候几乎一模一样，也是被攻击、被指责，只要她的父母或者姐姐们能够找出她的错误，她就必须接受这些惩罚，因为他们的逻辑就是只有惩罚才能帮助你记住错误，这是爱你呢！这个妈妈在她自己的行为模式里，就会有很多自我攻击、自我逼迫、自我惩罚，总是要把自己逼迫到很为难、很辛苦的境地，才会觉得过瘾，因为这意味着她对自己的人生负责任了、尽力了，这就是她的模式。当她自己被爱绑架着，认同了"惩罚你是在乎你，惩罚你是为了帮助你，人只有害怕了才会记住教训"这套逻辑——因为小的时候，如果她不认同这个逻辑，就会恐惧于失去父母和姐姐们的爱——她就只能用顺从来处理这一类问题。如果是发生在她自己身上的，也就习惯性地忍了。但是，当她的孩子被这样对待的时候，她接受不了，心里那些被打压了的不满，因为爱孩子，被唤醒了。她看懂了，可是她仍然不知道要怎样去面对老师和校长的强势，甚至觉得自己不应该作什么反应，万一孩子更加被欺负怎么办；她里面那个"被欺负了就只能接受，反抗就会更危险"的受伤的小女孩，对她说"别惹事，就听他们的吧"。

当她开始意识到，不是她没有能力处理这样的问题，只是内在的创伤记忆和这么多年的模式困住了她，而且这个模式正影响着她人生的方方面面：生活、工作、社交。她真正开始意识到，这不是她想要的人生，但是她一直在不断无意识地制造这样的人生。当她看到了自己的孩童心智，就开始重新问自己，我要什么？我的生长点是什么？她明确了她的第一个生长点，爱孩子，爱自己里面的孩子，也爱外面这个孩子。所以，她就松弛下来，先不急于解决这个事件，而是用心照顾孩子。不指责自己，也不指责孩子，允许他就是一辈子算不会那道题，还是个值得爱的孩子。当她放下了，就慢慢共鸣到了孩子，孩子才开始愿意跟妈妈去诉说自己是怎样被欺负的。原来有那么多事情她都不知道，孩子在国学班的时候被老师用戒尺把手背打肿了，在学校里被人欺负，他就还手了，别人的家长找到学校里来，孩子被大人们围着指责……他都没有告诉妈妈，因为他觉得没有人会为他撑腰，因为他也觉得自己都做错了，有什么理由让妈妈爱他呢。当妈妈愿意体验自己也体验孩子的时候，孩子才觉得可以跟妈妈说这些话。

在跟孩子的对话里，妈妈意识到自己心里有一个信念：如果我没有做"对"，我就没有权利得到爱；但是我又渴望爱怎么办？那就用别人对我的惩罚，当作爱的替代物。这么一个信念，听起来好像很荒谬，但是这绝不是她一个人的信念，我们在生活中经常会遇到这样的例子，"我不够好，我没有资格得到爱，所以如果别人指责我、批判我、攻击我，反而我会觉得被在乎"，这个妈妈就掉在这个模式里了。

在这件事情里，妈妈学习了很多，也看懂了自己在生活中的受虐模式；她知道如果她不转变想法，她的孩子就会不断经历这样的情境。当然，我们不必因此指责自己，好像我们的不完美变成了孩子的负累。孩子有自己人生的线索，他未来会有机会亲手去疗愈自己的创伤。但如果我们从孩子这面"镜子"里看见了自己，我们转变想法的过程，已经是对孩子最好的营养。没有完美的人，只有保持生长的人。

后来，妈妈先照顾好了小朋友，让他知道，做对做错都是成长的一部分，都值得爱。也让他知道，我们可以体谅老师的用心，但不等于要接受她的方式，妈妈会跟老师好好谈。当她做完这一切，就把自己从恐惧带回到了爱里。本来她想去学校据理力争，等她自己回到了爱的出发点，她就对我说："我要爱我的孩子，我也要爱其他的孩子，我也要爱这个老师。我要让这个老师知道我明白她的用心，可是我们可以有新的选择，她需要换一种方式去爱学生，这不只关乎我的孩子，还有那么多孩子。"当她再去到学校，跟校长沟通，跟老师沟通，就没有了对抗性情绪，不是找出谁的对错，而是愿意跟他们合作，一起去看看可以做点什么，怎样在孩子学不会的时候，老师用更多元的方式带着孩子们看到可能性。我又跟她区分了一下，孩子什么时候是认知的局限，什么时候是态度的局限；老师的情绪，把孩子从认知的局限推到了态度的局限，再容易的题他也做不了，这样老师也很费劲儿，孩子也很恐惧。当她带着爱去跟老师沟通的时候，老师就收到了她的诚意，老师也开放地跟她分享了担心管不好别人家孩子的焦虑感，怕负担不起责任的压力，老师里面的小孩子也被好好照顾了一次。这件事情就成了大家共同成长的机会，大家都被爱滋养了一次。这就是我们自己内在的自由，可以让我们找到的无限可能性。

透过孩子的表现，来意识到自己的模式，的确是有挑战的。因为我们往外看是舒服的，说这个孩子有什么问题，我要为孩子做一些什么，我想我们家的孩子怎样，都是向外看；一回到自己，就有可能碰触到我们不舒服的部分。但是孩子也是我们不可多得的机会，因为问题发生在我们自己身上的时候，我们可能看不见，也可能不想处理，忍一忍就过去了。但是在孩子身上发生了，我们就没法儿看不见，也不能忍，这就是孩子对父母的贡献——孩子提升了我们对生命的警觉度和敏感度。如果没有这个孩子，很多的课题我们也许就不看了，就不做了；可是有了孩子，我们就躲不过去了，因为我们想对孩子负责任。

当我们内在受伤的小孩，被外面淘气的小孩启动了，我们不知道怎样去搞定孩子，其实是提醒了我们搞不定自己的部分，这就是我们跟孩子之间的无意识共振。这个时候我们就会成为一个孩子去跟孩子对话，我们就会看见两个受伤的小孩在互相计较——外面这个小孩说你不要管我，里面那个受伤的小孩说你怎么这么不听话；外面小孩说，你为什么总是指责我，里面那个受伤的小孩说为什么我说了这么多遍，你就是不愿意听……两个小孩之间的计较，就只想争个对错。这在我们上一本书《成为学习型父母》里说过——先成为自己的父母。

拥抱阴影，积累资源性记忆

从内在的小孩，到内在的父母，就是心智系统的成熟。

我们每一个人都有内在的小孩，我们也都有内在的父母。内在的父母并不关乎事实上扮演我们父母角色的人是谁，这是我们心底对父母的理想模型，是我们对无条件的爱的记忆，是我们的心灵养分。我们在成长中，曾经想要我们的父母怎样对待我们，那个渴望里有一个理想父母的图像，那就是我们的内在父母。那不是单纯的想象，那的确是我们内在的资源，是我们能调动的爱的力量。

所以我们要学会做两件事情，一件事情叫拥抱阴影，一件事情叫积累资源。

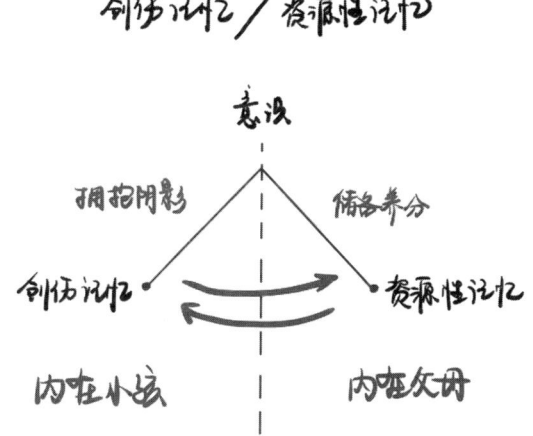

拥抱阴影，拥抱孩子的阴影，也拥抱我们自己的阴影。

我们是孩子生命中最在乎也最抗拒的人，因为我们对于他们来说如此重要，孩子在我们身上有关于"无条件的爱"的期待。同样一句话，别人说了他顶多不高兴一会儿，可是爸爸妈妈说了，这句话就有机会成为创伤记忆。别人对他说，"你这件事情做得很蠢"，他可以一笑就过去了，反正谁都有做不好的事；但是如果他的爸爸妈妈对他说"你怎么这么蠢，这点儿你都记不住"，他就觉得自己被深深地否定了。另外一个人对他说，"你搞不定就算了，放在那儿吧"，他可能就高高兴兴地丢下了；可是如果他的父母对他说，"搞不定就放在那里，等一下我来"，他能一下子就觉得自己被父母放弃了。所以孩子的创伤记忆一定会发生在跟父母的关系（或者担任父母角色的抚养者）里，原始创伤是产生于0~7岁这个阶段的，我们未必能记得，那怎么办呢？7~14岁会再来一遍，14~21岁会继续重现，我们有很多的机会去看见。

所以，我们一定会碰到孩子身上最不可爱的部分，然后也会激发我们身上不可爱的部分。当我们允许孩子在我们的面前表现出他最糟糕的部分、最情绪化的部分、最不可理喻的部分——这不意味着要溺爱，溺爱不是爱，是拒绝他们长大——先接纳，就可以撤销对抗，然后才能有智慧地作出反应。对于小朋友来说，父母是他们在这个世界上最安全的关系，也是他们成长自己、练习自己的最好选择。

如果在跟我们的关系里，孩子都没办法丢出来那些他自己处理不了的情绪，他又能到哪里去练习情绪平衡呢？

如果在跟我们的关系里，孩子都没空间把他最幼稚、最不成熟的部分表现出来，他又在哪里有空间试错，而保持生长呢？

如果在跟我们的关系里，孩子都没有办法把自己的痛苦和愤怒直接表达出来，他又能去哪一段关系里了解自己这些情绪能量，并且学会驾驭它们呢？

如果在跟我们的关系里，孩子都不能毫无理由地要一个抱抱，要个小赖，他又能去哪里相信爱是可以无条件的呢？

我们有多大的空间，他们就有多大的练习场、实验室。

拥抱他们的阴影，并不是在情感上的安抚，而是把我们的"容器"放大，允许权放大，让他们有空间在这里折腾。最好的拥抱并不是急于表达爱，而是表达中立。也就意味着无论他们在我们的空间里面怎么闹腾，他们都有机会看见我们成为一个守护者，看见他们自己在胡闹，看见他们自己在发脾气，而我们允许他们把自己的反应做完，而我们允许他们把要说的话说完的过程。然后，他们就能因此获得一系列关于自己的资料，也能做出各种他想做的尝试。这个时候，我们再带他们找生长点，他们就不会跟我们争拗观点，而是可以向内学习了。

我们要拥抱孩子的阴影，得先成为自己的父母。

什么意思？当我们去允许孩子的各种反应，我们自己的局限性也一定会被碰到，不论是身体的反应，还是情绪的反应、思维的反应。作为父母，我们不需要假装成上帝一般的完美，也不需要假装成英雄一样的坚强，我们是一定会有不舒服、不耐烦的内在反应的。只是，我们不把这个反应丢给孩子去处理，我们不把我们的烦躁、我们的焦虑当作是他们的问题，不因为我们内在失衡，所以要他们改变。我们需要学着先成为自己的父母，再成为孩子的父母；先照顾好自己里面的小孩，才能好好照顾外面那个小孩。

简单地说，当孩子引发了我们自己的失衡，不要回避，体验一下在自己的内在世界里，有什么相关的创伤记忆，我曾经渴望被怎样对待，而没有实现的是什么。

另一个妈妈的故事，她经常会觉得孩子（本能之情绪阶段）有过多的情感上的需要，所以每当孩子想跟她亲近的时候，她就觉得很有负担，会找各种理由和借口让开。但是过后，又会觉得自己不是一个好妈妈。可是下一次孩子想要跟她亲近的时候，她还是控制不住地嫌弃。她问我，你说我这个妈妈是不是特别糟糕？我就带她看见，这就是自己的失衡，所以要先成为自己的父母。先停下来看看，你内在的小孩究竟发生了什么，所以这么抗拒。当她停下来，体验自己的时候，她就明白这是一直以来内在的课题。她是被领养的，养父母对她很好，特别是她的养母，不打她，不骂她，甚至都不指责她。但是这段关系，"和谐而不亲密"，没有冲突，也没有足够的连接。所以她小的时候其实很任性，因为她看到别人的妈妈不是这样的，她想她的母亲像个"真"的妈妈一样对她。她一直觉得，妈妈愿意忍我，不等于爱我，只因为我不是她的孩子，她才不敢对我生气。她很羡慕别的孩子被妈妈训斥，甚至被妈妈打，她觉得这才是真实的关系。她一直认为养母的隐忍和客气都代表在这个关系里保持距离感，然后她就会故意制造出一些问题，等妈妈生气。而她越是这样子，妈妈就越不说她什么，因为妈妈知道她心里不安全，就特别想证明给她看，妈妈是爱她的。于她的妈妈而言，也的确对这个关系是有顾虑的，所以特别想女儿去体验到她无条件的爱，但她并不知道，她的爱不够诚实，孩子识别得到。这个孩子在妈妈"不诚实"的反应里就会觉得没有着落，会觉得连接感很虚浮。

等到她自己有了孩子，她就不知道怎么去表达连接感，因为她自己没有得到过，她就会觉得自己表达出来的连接感似乎具有表演性，很不真实，会觉得羞耻。那其实是里面那个渴望跟妈妈连接，又没有被妈妈呼应的小女孩的创伤体验的不断重现。我带她做了个疗愈，邀请她回到成长的图像里，她看到自己有一次胡闹躲到桌子底下，就不出去，她以为妈妈肯定要生气了。但是妈妈就在外面一直等着，也没有对她做什么。她特别希望妈妈把她拽出去，暴揍一顿，她觉得这才是真实的母女关系。

我让她回到那个场景里，问问那个内在的小孩，最想要妈妈为她做什么，然后，在那个图像里，为自己去做。当然，不是在内在图像里，真的把那个小女孩拉出来暴揍一顿。我们是要找到孩子的意图，而不是那个行为和形式。她内在的小孩，真正的意图是想跟妈妈之间有真实的碰触，有亲近感，有情绪上的交流。那我们就在内在的图像里，用现在这个自己，去对这个小孩做她一直希望妈妈对她做的事情，直接沟通、情感交流、拥抱、触摸……当她为自己做完了这些以后，她发现自己感觉关系真实了，对于表达爱和亲近没有羞耻感了，就觉得有人需要她的爱，有人接受她的爱，她表达出的爱是有呼应的。当她再看她自己的孩子的时候，就不觉得这个孩子在情感上的需要是过分的，是夸张的，是表演性的，这就是我们解开了自己里面的结，外面的结就散了。而且她忽然间意识到，她差一点儿把自己的童年，无意识地在自己的孩子身上，又复制了一遍。

这就是疗愈，父母没有给到我们的，我们自己为自己做一遍。先是在内在世界的图像里去做，然后在外在世界里，也会看到相应的机会，能够为自己做点什么，去体验爱和满足。这才是真正的爱自己。

谁还不是个宝宝呢，我们在自己的成长过程中，都经历过各种"成长的烦恼"，所以当看到孩子的某些状况，我们手足无措，甚至情绪失衡，是很正常的。不要逼迫自己去做对，我们得先照顾好自己，才有力量去照顾我们的孩子，而不是努着劲儿地为他们做些什么，自己却活得毫无营养。当我们学会成为自己的父母，就会调动起内在的资源性记忆，然后再用这份爱自己的体验影响到孩子。我们可以怎样对待内在小孩，就可以怎样去对待外在小孩。

学会如何站稳自己

当我们做好了这一系列的准备，我们就可以学会"站稳自己"了。

第一步，收回投射；第二步，看见"内在的小孩"；第三步，成为"内在的父母"；第四步，重建平衡；第五步，有效干预。

我们一步一步走。

第一步，收回投射。

把焦点从孩子身上，转回到自己身上，把孩子当作一面镜子，照见跟自己有关系的部分，就是收回投射。

不要误会，不是从"孩子有问题"转到"都是我们有问题"，而是看见我跟孩子有共同要学习的"课题"。没有哪个孩子是有问题的，他们只是不够成熟，没有学会怎么用好自己的身体，用好自己的情绪和用好自己的思维，在他们制造出来的所谓"问题"背后，其实是一个生长性的渴望，但他们自己并不知道怎样是有效的。

比如说，我们认为孩子见到陌生人不叫叔叔阿姨不礼貌，或者太胆小害羞，这是个问题。而孩子可能只是在学着观察人，识别他跟人的关系，他在慢慢地建立边界感，不愿意轻易作出反应。所以当我们把焦点收回到自己身上，就会发现"孩子不礼貌、害羞"其实是我们投射出去的决定，孩子不一定是这样的。在这件事情里，真正有负担的是我们自己，为什么我的孩子不跟邻居打招呼，我要那么羞耻呢？为什么我会担心别人怎么看我的孩子、怎么看我的教育呢？这是孩子的社交困境，还是我的呢？当我们收回了投射，就不会轻易地对孩子作出评判，就不会一厢情愿地非要孩子做点什么了。

再比如说，孩子成绩不好，这是学习过程中一定会出现的。我们不要认为孩子成绩不好就等于不爱学习，他们有可能正在找感觉呢。我的一个朋友，他的孩子刚上高中的一段时间成绩明显下滑，但是孩子还没什么特别的反应，好像不着急似的，这个爸爸就急了，说你看他，整天没啥心思似的，怎么不着急呢。我说，你怎么知道他不着急呢？你怎么知道他的着急就得跟你的着急是一样的呢？你怎么知道他不着急就等于不在想办法呢？你怎么知道对于他来说，保持淡定不是一种努力呢？怎么就非得着急才是努力呢？我问完了，爸爸也停下来了，也意识到他完全把自己的习惯和模式投射在孩子身上了，活在了自己的焦虑里，但其实并没有看懂孩子究竟在做什么。当他收回投射，他发现自己的瞎着急，是内在的挫败感被启动了。因为他小的时候，他爸爸就没有给他失败的余地，他自己就很习惯性地紧张着，一出现状况立马要处理，哪怕时机不合适，也得强行处理。可是这个孩子不是这样的，他有他的从容。等爸爸收回了投射，就看懂了孩子，其实孩子是在琢磨自己究竟卡在哪儿了，但他对自己是有信心的。而且爸爸没有逼迫他，让他觉得可以用一段时间，慢慢摸到这个学校的节奏，反正大考试拿下就行了。基于结果，孩子没多久就调整回来了。爸爸后来跟我说，好险，我差点儿打乱了孩子的节奏。我说，那你一定要花一点儿时间，照顾一下你里面那个总是被别人催着走，总是被打乱节奏的孩子。

收回了投射，会怎样？

会看见自己的模式，看见失衡是怎么来的。

三种失衡：扩张、回撤、冻结。

扩张	过度干预
	过度保护
	过度陪伴
回撤	羞耻
	批判
	恐惧
冻结	合理化
	避重就轻
	抽离隔绝

识别到自己有哪些模式，是很重要的。但我要多提醒一句，"模式"是个中立的词，千万不要看到了自己的某个模式，就掉进去对自己进行批判，觉得自己做得好糟糕，这不是我写这本书想为你们做的事情。孩子没有做错什么，我们也没有做错什么，我们只是各自有各自的局限性。局限性无关乎对错，对局限性的无意识和执着，才是我们要解的锁。我们要接纳孩子的局限性，也要接纳自己的局限性，然后才会在局限的位置，高高兴兴做出一个新的选择。

扩张的失衡。

扩张，是把情绪的压力转嫁出去，用影响到、控制到别人来化解自己消化不了的压力。

过度干预。

过度干预，并不是指帮孩子穿衣服、喂饭等简单的行为，而是指我们在无意识中，用我们的选择替代了孩子的选择，用我们的价值观覆盖了孩子的价值观。简单地说，价值替代使孩子失去了自己的价值主张。

比如说，我们经常会问孩子一个问题：你将来长大会做什么呀？如果孩子说警察、医生、科学家，我们会很嘉许地说，不错哦，有理想！因为这些对于我们来说是"价值正确"的选择。但是，如果你的孩子说，我将来想做一个流浪艺术家，去到哪里我就弹琴唱歌挣点儿钱，然后就去旅行，去周游世界！这个时候我们会怎么说？也许我们心底的价值观就开始不安了，我们会觉得这样的人生怎么能靠谱呢？我送你去受了这么好的教育，你就给我这个结果？然后，我们就会试着跟孩子谈了，关于爱好和事业不能混为一谈，关于生存是件严肃的事情，再到他对这个家庭的责任，父母这么多年的培养，爷爷奶奶这么多年的期盼……无形当中，我们就在对孩子说，"你不能用你的想法活着"，这就是过度干预。

有个爸爸来跟我谈他的儿子。他的儿子学了一门乐器，小的时候很喜欢，也学得不错，但是不知道为什么，学着学着就学不进去了，然后特别情绪化，他都觉得孩子快要抑郁了。爸爸自己也很矛盾，既不想让孩子半途而废，又担心孩子真的会出问题。当我们展开孩子的资料来看的时候，发现其实孩子进中学的时候，就想要放弃乐器了。他的放弃不是因为不喜欢这个乐器，而是他不认为自己需要学到专业的水平，他想多学一些其他的东西。可是对于这个爸爸而言，他的价值观就是，做一件事情不能轻易地放弃，人在一生当中总要有几件事情做到顶尖，这样才会对人生有信心，将来才有选择的资本。就这样，在孩子每一次要放弃的时候，爸爸就会用自己的成长经历鼓励孩子继续，然后孩子也觉得对，所以要坚持。但是"坚持"就成了这个孩子的魔咒，因为当他努着劲儿坚持的时候，他已经忘掉了自己的初心，这件事情已经不滋养他了，他失去了享受音乐的乐趣，只为追求一个"我能坚持"的人设。这就是我们说的"空心病"——这件事情我觉得很"应该"做，头脑的逼迫感很强，心里的动力却越来越弱。这就是一个非常典型的过度干预的例子，抽空了孩子的价值感。

过度干预的方式，有些时候是指责，有些时候是表扬。

比如，小朋友喜欢念诗、唱歌、跳舞，表演给大家看，一开始他是由心而发的，这样做了就很喜悦，很满足。可是，如果我们抢过了话语权，用我们的表扬给孩子贴了个价值标签，说这个宝宝真大方，这个宝宝真聪明，这个宝宝比别的宝宝开朗……孩子是很容易在大人的认同里迷失的，我们一旦用"认同"的方式绑架了他，就会用这个价值标签控制他的选择了。接下来他再做这件事情，就不再是享受这件事情本身，而是需要被认同。这种过度干预就会令孩子离自己内心真实的热爱越来越远。

如果我们总是过度干预，总是企图影响他的选择，总是用我们的道理说服他，我们就有可能在孩子都意识不到的时候，已经覆盖了他对于价值的思考，或者扭曲了他对于自己的感受。这样孩子就找不到内在的独立性了，很难真正地独立思考，要不就依赖，要不就把任性叛逆当作独立。

过度保护。

这个容易理解一点。我们会担心孩子的能力不够，处理不了一些问题，比如他在学校里打架了，或者跟老师的关系出了问题，或者交了什么朋友，我们都会觉得有些他们搞不定的，需要我们出马。

另一个爸爸，总是担心他的孩子会交友不慎被别人带坏，孩子的什么他都想知道，孩子跟朋友闹个不愉快他也要帮着出主意，因为他觉得他们家孩子太软弱。但其实我们可以想见，如果这个爸爸一直这样做下去，这个孩子会越来越软弱，因为只有他软弱，才可以合理地要求别人为他承担关系的压力啊！后来我问这个爸爸，你究竟在跟谁争夺控制权？如果你这么信任自己对孩子的影响力，为什么不敢让别人也影响他一下，看看他究竟会怎样选择呢？这其实就是爸爸内在所恐惧的，他不想看到别人比他更有影响力，所以总要拦在结果出来之前去做点什么。

过度陪伴。

这是我们需要特别警觉的。我们经常会说，陪伴是最长情的告白，但是我们意识不到，在我们陪伴孩子的时候，可能已经用"我"装满了他们的空间。

可能用我们的行为装满了他们的空间。我女儿小时候就是这样，家里陪她的人太多，一会儿阿姨陪着玩玩具，一会儿外婆陪着唱歌，一会儿外公拿着吃的过来叫宝宝，小朋友的空间完全被大人装满，没有闲下来的时候。所以后来我选择我们自己出来单独住，因为小朋友被过度陪伴，很难专注。

也可能用我们的想法装满了他们的空间。比如说要放假了，我们就安排了去哪里旅行，见哪些朋友，做哪些有意思的事情……我们以为这是在为孩子安排，让他们的假期很丰富。但是，如果这个安排里没有给孩子自己用来浪费的时间，没有属于孩子的主题，没有孩子自主安排的余地，那也是过度陪伴。又或者，跟孩子商量要做点儿什么，孩子还没有思考，我们就不停地说自己的想法，要"教"他们这是怎么回事，孩子的空间被我们的想法塞满了，他们就会懒懒的，调不动意向，满头满脑的"饱腹感"。

也可能用我们的关注装满了他们的空间。我们的生活重心都在孩子身上，孩子的一举一动都在我们眼皮子底下，发生点儿什么我们都要作出反应，打个喷嚏就给递纸巾，挠个痒痒都要拉开衣服检查一下，这种贴身的全方位无死角的爱，也是过度陪伴。

又或者，孩子没有自己的空间独立地做点儿自己力所能及的事情，有没有需要都有大人在场，没有"摔倒、踩坑的自由"，也是过度陪伴。

如果我们装满了孩子的时间和空间，他们总是被我们带着走，他们的专注和秩序发展就会受影响。有些小时候看起来很乖的孩子，一旦独立生活，节奏就全部乱掉，这都有可能是之前有过过度陪伴，所以孩子自己的节奏感没有建立起来。

回撤的失衡。

回撤是什么？我们内在有很多情绪的冲突，我们不知道怎么做，就什么都不做，甚至于用我们的"不做"什么，来拒绝别人的能做点儿什么。回撤是企图把情绪的冲突藏起来。当我们处于回撤的失衡，我们就会下意识地"阻止"孩子的生命力。在扩张的失衡里，当我们过度干预和控制孩子的时候，也会有"制止"这个动作，但背后仍然会有一个"要做什么"的目的，制止也是为了推动他们去做另一个我们认为更合适的选择。但是在回撤的失衡里，只有"不能做"的紧张，而并不知道要做什么。

羞耻。

孩子的成长过程，多多少少都会引发父母的羞耻感，因为孩子对于生命的各种好奇，都有可能是我们自己在成长过程中被打压过的部分。当孩子无知无畏地碰触了我们曾经被教育过的"禁忌"，我们就会下意识地躲闪，以为是在教育孩子，其实是撤回自己的舒适地带。

比如说，我们前面举过的例子，父母很希望孩子表现出得体的社交礼仪，见到长辈会打招呼，但是孩子可能不那么喜欢直接打招呼，他们要观察，不理会父母的催促，盯着别人一直看一直看，看到大人都尴尬了。这就是孩子在学习识别和判断关系，他也在感受这个人，等他内在的反应过程全部完成，他会自己突然开口。这其实是孩子在关系里的成长，但我们有成年人的形象，我们就会觉得这孩子多不懂礼貌，别人会说我没把孩子教好，就特别着急，然后会当着别人的面训斥孩子，或者用贬低孩子来缓解尴尬，说"你看这孩子就是胆小"，其实是我们自己的羞耻感在作怪。这个过程我们并没有教会孩子什么，只是用了一个评判，用指责孩子来缓解自己的羞耻。孩子有很多时候，都会因为父母的羞耻感而无辜受过。

有一年，我们一班朋友带着家人去莫干山度假。吃早餐的时候，我女儿拿了一些棒棒糖放在桌上数，准备一会儿出去玩的时候分给小朋友。旁边餐桌的小女孩就慢慢凑了过来，其实并不是因为糖，而是小朋友就喜欢找小朋友。她们两个都7岁左右。我女儿就问我，可不可以给她个糖，我说："如果你愿意，就可以给，但是她可不可以吃糖，你要问一下她妈妈。这个季节，天气转凉，万一有小朋友咳嗽或者有其他不舒服什么的，可能大人不让吃糖。而且食物，如果别人不接受，不能随便给。"我女儿就拿着一块糖去问她的妈妈可不可以，她妈妈就同意了。小女孩拿了糖，自然很高兴，就去展示给妈妈看，妈妈却不理会女儿的兴奋，只是不停地催她的孩子说："去跟阿姨说谢谢，去呀，你这孩子，你赶紧去说谢谢……"我们就隔了一个桌子而已，那个妈妈一转脸就可以直接跟我打招呼的，但是她完全不看我，我知道她是有一点儿不好意思。其实那个过程是很简单的，她转过头看着我笑一下，点一点头，甚至聊一聊两个小朋友今天是不是可以一起玩，就是这么简单。但我能感受到，她没有办法自如地做出来，有可能在她的成长过程里，拿别人的东西，就是一件很不好意思的事情。后来妈妈就把小女孩的糖拿下来，对她说如果不去谢谢阿姨，就不要拿糖。这些"不、不行、没有、不可以"的对话，如果是带着情绪的表达，都有可能是这种回撤的模式。

再羞耻一点的，是孩子关于性的探索。我们要准备好，这是一定会发生的事情，因为这是他们成长中的必经之路，也是非常重要的学习。不必侥幸地说，我们家孩子没有，区别只在于，父母看不看得见，孩子让不让父母知道。

有一次，一个妈妈很紧张地问我一个不知道怎么处理的问题，因为她的女儿（幼儿园）跟另外一个小男生在一起玩的时候，脱下了他们的裤子去看对方的生殖器，然后回来还告诉她。她觉得自己都快疯了，这个事情太严重，她的女儿被侵犯了。但还好她先收回投射，知道这是自己的羞耻感被引发了，就控制了一下自己的情绪，先不对孩子做什么。她来问我说，这件事情要怎么跟学校去处理？我说，不要着急找学校，学校没有做错什么。先留意孩子的状态，她的情绪，她的行为，她自己觉得被逼迫吗？她跟你描述这件事情的时候是开放的吗？她有没有继续问你一些她想知道的问题？她有没有拒绝回答你的问题？妈妈说："没有，我的女儿完完全全是开放的，她就是告诉我她看到了男生跟女生长得不一样。"其实，这才是妈妈的羞耻感，女儿对这件事情的不羞耻反而让妈妈很不安。因为我们在长大的过程中，特别是女生，都多多少少会被教育到对自己的身体保持羞耻，才是一个女孩子的自爱。而女儿的天真反应，击中了妈妈的羞耻感。我对她说："对于你的女儿而言，她没有感受到伤害和羞耻，你不必放大这件事情，很多类似的事件，其实是被父母的反应放大了，才真的伤害到孩子的。这是小朋友之间的性好奇，是一件非常普通的事情，在孩子的世界里，这跟他们互相比一比谁长得高，是没什么区别的。但这是一个很好的机会，让他们知道什么是隐私，怎样保护自己，尊重别人。他们没有做错，但他们可以成长。就像他们刚开始用笔，各种胡乱比画，我们不也是得教吗？不是因为错，只是因为还没学会。所以，你的女儿之前有没有关于性的好奇，有一些她想知道、想了解的，被你大而化之地盖过去了呢？"妈妈点头说，有，就是不知道怎么回答她。这就是妈妈的回撤，反而放大了孩子的好奇心，孩子在妈妈这里得不到有效信息，就自行探索去了。

批判。

我们都爱孩子，但我们也会在孩子身上有着各种各样的嫌弃。有个朋友半开玩笑半当真地跟我说，每天孩子睡着的时候，是完美的亲子关系，看着那小脸儿，恨不能把命都给他。只要一睁眼，这塑料父子情就随时崩盘，白天永远记不得黑夜的美！如果，孩子的行为引发了我们的批判，我们是有可能会扩张的，拍桌子瞪眼睛大嗓门儿，这都是常规操作。但是因批判而回撤，反而是不易察觉的，甚至会被误认为是允许和接纳孩子。

我朋友的孩子，非常可爱，就是很多行为习惯很差。

我就经常跟她说，有些基本的生活常识和行为规范，你得教，孩子才知道。东西要怎么拿、怎么放，垃圾要怎么丢，吃饭的时候要注意点儿什么，怎么样可以不吃得满桌满身都是。教完他们，不急于让他们立马做到，愿意陪着他们一点点地做，这叫允许。但如果完全不教，任由孩子爱怎样怎样，他们的行为习惯就建立得不好。

说了几次，我的这个朋友就对自己做了一个醒觉，因为她意识到在她家的小朋友每次行为习惯不太好的时候，她其实是回撤的，都看到了，就是不做什么。她说："我其实在我儿子身上看到了我小时候就特别讨厌的小男生身上的这种混乱，所以一看到他这样，我就很抗拒，就不想做什么。"

我们不必上纲上线地说，作为一个妈妈，要无条件地爱你的孩子，怎么还能抗拒他呢！我们没法儿活在口号里，我们得活在真实的反应里，才能真正知道可以对自己做点儿什么。

也有父母是不承认自己的批判的，每次在孩子身上遇到他们抗拒又不知道怎么处理的状况，其实他们是生气的，但是因为回撤而不表达。但如果有别人说了他们的孩子，他们就会把这个批判扔出来，跟这个"别人"较个劲儿，转移抗拒的焦点。这种护犊子，极有可能是内在对孩子的批判，被引发出来了。

恐惧。

恐惧的体验，我们每天都有机会经历。恐惧不是因为我们真的在经历危险，而是我们的"感觉"很危险。感觉里最危险的事情，就是失去爱，为了不失去，我们就会回撤，小心翼翼地处理关系，但其实这种回撤是帮不到关系的。不管是亲子关系，还是亲密关系，都会有这种回撤，我们有时误以为是因为爱，所以包容。

有个爸爸，离婚了。他很爱孩子，每个周末都准时去接孩子，很珍惜跟孩子单独相处的机会，但又不知道能跟孩子做点儿什么。每次孩子见到他的时候，就要买玩具，每次都买。时间一长，爸爸就很苦恼，他担心如果一直这样买，是不是太惯着孩子了，是不是变成一个模式了。但如果不买，孩子一周就见这么一次，若他不开心，怎么办？这就是爸爸的回撤，不知道怎样对孩子的行为做出必要的干预，不敢真实地表达自己。

其实，爸爸已经掉在"失去爱"的恐惧里了，买玩具是他跟儿子建立联系的重要方式，他不放下，孩子是不会放下的。后来他意识到，他对于自己的离婚是有失败感的，他觉得没给孩子一个完整的家，他已经做得不够好了，所以对孩子提出来的要求，就应该尽可能满足他。这就令他在教育孩子这件事情上，没有做他真正需要做的，他回撤了自己的真实想法。他成了一个玩具赞助商，反而作为

"父亲"陪伴孩子成长的功能被削弱了。我邀请他留意，当他很恐惧失去儿子的爱时，是不是孩子向他提要求的时候，反而能缓解他这种失去的恐惧？爸爸说是这样的，当他能给予孩子什么的时候，自己就觉得很踏实。我说，会不会儿子也是这样的恐惧呢？他也恐惧于失去爸爸，所以要从爸爸那里得到点儿什么，来确认自己是被爱的呢？甚至于，有可能他拿一个玩具回去，就可以对别人说"看，我是有爸爸的，我的爸爸很爱我"呢？而且每次你给他买玩具的时候，你在关系里的拥有感，他是能体验到的，他想看见这样喜悦有力量的爸爸，所以买玩具也是他跟你之间最容易的共鸣呢？

当爸爸看懂了，自己和儿子其实都活在"失去爱"的恐惧里，他就知道可以做什么了。焦点不在于还买不买玩具，而是要找回对关系的信心，建立更多的互动的频点，帮助他跟儿子度过这个适应期。当他在爱的表达里从容了，跟儿子的关系，才会真实而有力量。

我们顺便用这个例子，说一说溺爱。溺爱不是爱，是恐惧于失去爱，而创造出来的过度给予。就像当这个爸爸恐惧于自己给不了孩子完整的家时，就不敢对孩子做出必要的干预，他越回撤，就会令这个孩子越得寸进尺，因为孩子体验到关系是"虚"的。所以，孩子其实要的不是玩具，孩子只是不断地想去试探，"我的爸爸是不是爱我"，慢慢地，孩子也无意识地依赖于用这种模式体验爸爸对他的爱和在乎，然后溺爱就发生了：一个不断给出，一个永远不够。溺爱，不是从爱出发的，爱是多么足够的体验，不会制造出刻意的给予。溺爱是因为，总会有一些原因让我们内在对爱失去了信心，我们会恐惧孩子收不到我们的爱，或者孩子对我们的爱不满足。当我们有"失去爱"的恐惧，就会刻意地夸大爱的力量，就会造作。溺爱不是爱孩子，是夸张地证明"我是爱你的"，这种证明，是用来缓解自己的恐惧的。

溺爱对于孩子最大的影响，不是他们的任性、矫情，而是我们剥夺了他们的力量感。当我们不断证明自己的爱，证明我们能为孩子做什么，强调我们在他们生命中的影响力，这个时候孩子会怎样？他们可能会喜欢，但同时就会觉得自己"轻"，要被别人给予才能足够。所以他们在人际关系里，不知道做什么能拿到自己想要的，就会放大他们的情绪能量，来试探自己是不是真的重要。在人际关系里，动不动就用情绪支配别人的人，强调"我对你重不重要"，甚至看起来脾气很大，那都不是"火症"，是"虚症"，因为内在没有力量，所以要用情绪放大自己的重量感。而且孩子的现实感（现实感是孩子在本能之理智的阶段发展，5~7岁）会被破坏，因为溺爱就是在营造"不现实"的爱。孩子的现实感不好，他就不知道怎样直接地创造成果，然后会用各种情绪策略控制别人，会依赖关系来搞定现实。所以在溺爱里，扩张会有，回撤也会有，是回撤了对孩子必要的干预和支持。

回撤本身就是个"内收"的动向，所以很多时候很隐藏，不明显，我们就不知道自己是失衡了。但是我们回撤了以后，是会放大内在冲突的，会有很多"内心戏"，自己是知道的。

冻结的失衡。

冻结，是对于情绪失衡的能量，既不想扔出去，也不想藏起来，只想跟它没关系。但这是实现不了的，我们没法儿跟自己的情绪反应没关系，所以要假装没关系，要尽可能地切断关系，要钝化自己，这样就没有痛感。

合理化。

合理化是我们经常会看到的，在别人身上看到的时候，我们会在心里默默地说"你说什么就是什么呗"，但是在自己身上，我们会觉得，"本来就是这样啊"。这就是合理化，我们先把自己说服了。

孩子处于他们人生成长变化最快的阶段，每天一个样儿，作妖的花样儿也是层出不穷。难免，我们都会遇到一些不知道怎么处理的状态。冻结在思维上的特征就是不想深究，差不多得了。那我们就会合理化地说，"孩子嘛，都是这样的"，或者"等他们再大一点儿就好了"，或者"跟孩子有什么可计较的",每一句话都听着合情合理,说得很对,但其实,基本上都是废话,是没有下一步的。我们对于孩子的行为,的确需要有足够的空间去允许和接纳,但不要误会,接纳不是由他们去,而是给一个大一点儿的容器,把他们的状态先完整地放进去。目的是什么?是可以更完整、更清晰地看见孩子的资料,是在尊重他们的生命节奏的基础上,让我们更有效地找到"发力点",而不是盲目应对,或者视而不见。如果,我们允许他们的同时,是保持观察,是有意识于这个过程,那是有效的。如果,允许完了,什么也没看见,任由他们爱怎样怎样,那不是对孩子的从容淡定,只是我们自己不想深究,不知道怎么处理,用合理化的方式让自己好受一点儿,让别人好受一点儿,然后跟这个问题合理地保持距离。

什么叫作冻结?就是表面上看起来云淡风轻不为所动,但其实里面是冲突的,是抗拒的,是不接受的。冻结和回撤的区别就是,回撤还是有动向的,只是向里动。比如你跟一个人聊天,他死活不回答你,这是回撤,他不怕你看见"不回答"这个动作。如果你一说,他就答,各种不过心不过脑的应付,说了等于没说,就是冻结,看起来没什么问题,但其实内在是关闭的。

有些时候我们会看到小朋友的确做了不合适的事情,故意掀阿姨的裙子,乱翻别人的东西,甚至划了别人的车漆，这些行为是需要被干预的。但是会有一些父母，自动地就会先为孩子合理化，这就意味着这个状况已经发生过不止一次了，而父母自己也不知道怎么处理，只等着"孩子长大了就好了"，用合理化冻结着自己，也想用这一套说法冻结别人的愤怒。而其实，绕过了自己的生长点，也绕过了孩子的生长点。等孩子长大了，可能在行为上就不这么幼稚了，但这种故意挑衅或者侵犯别人边界的心智模式，会表现在其他的行为里。时间是不能改变什么的，时间只能令我们种过的种子发芽，没有种过种子的土壤，等不到奇迹。

避重就轻。

避重就轻跟合理化不一样，冻结得更"精细"一点儿，隐蔽性也更高——我看见，但是我看见的不是真正的问题，我看见另外一个更容易解决的问题，然后我就觉得我已经做了我能做的了，再有什么结果，我只能说我已经尽力了。

有个妈妈，她的孩子在学校里动不动就跟别人打架，特别是当别人说到家庭的问题，说到爸爸的问题，她的孩子一定会跟别人打架，甚至是毫无理由就起火。她就来来回回地跟孩子处理打架的问题，可是她心底知道这不是真正的问题，因为她知道孩子跟人打架其实是为她。她离婚了，没有告诉任何人，双方父母也都不知道，因为她觉得离婚这件事情很羞耻。她的孩子是知道的，他俩之间也没有聊过，但孩子跟妈妈保持着默契，不提这件事情。可是孩子其实是有痛苦的，没有地方排解，一旦别人提到这个点，就引发了孩子的痛苦，孩子的攻击性就是在转移痛感。所以，这个妈妈会不断地教这个孩子，怎么样控制情绪，怎么样跟同学好好相处，看起来她一直在重视这件事情，也去学校跟老师处理，但其实，并没有面对过真正的问题。当妈妈愿意回来面对自己的问题，跟自己的父母坦诚离婚这件事情，慢慢撤销对于离婚的羞耻感，她就可以跟孩子坦诚沟通这件事情了。孩子心里的枷锁没有了，他也就可以真实地面对他的人际关系，哪怕还会打架，也不会偏执了。

我们的亲密关系如果出了某些问题，在孩子身上出现了一些状况，我们会很容易出现这种冻结。我们愿意努力地照顾孩子的生活，陪伴他们学习，带他们各种旅行，忍受他们的各种小脾气。但其实，我们心里知道孩子的焦虑和不安，是跟我们的亲密关系有关的，而我们还没想好怎么处理亲密关系，就会对孩子的反应视而不见，然后在自己能做的部分，拼命用力。其实我们可以图像化一下这个画面，是不是看到一个很冻结，又很努力的状态。电视剧《隐秘的角落》里，朱朝阳的妈妈就有这样的冻结。

这里顺便多说一句，关于单亲家庭。离婚，一定是对孩子有影响的，这个我们不用侥幸，但这个影响是不是妨碍孩子成长，是不一定的，甚至有可能推动孩子的成长。就算完整的家庭，也会有家庭关系对于孩子的影响。所以我们不必夸大离婚的影响，但是要面对这个过程中孩子可能会面对的压力，然后就把它当作一个生长点。而且，孩子在成长的过程中，就是要经历各种生活的无常，才能建立起他的现实感。我们不必营造一个"假的人生"给孩子，那个没有分离、没有痛苦、没有意外的假象，不能帮孩子跟这个世界建立联系。

抽离隔绝。

抽离隔绝，是先钝化感觉，再拉远距离。我们似乎听不见、看不见孩子的某些状态，看见了也无所谓。对于我们不喜欢、搞不定的一切，我们都可以收起自己的感觉触角，让这个世界与我无关。

又是一个妈妈的故事。当婆婆在家帮忙管孩子的时候，她觉得孩子跟婆婆之间的对抗是非常正常的，这代表孩子独立有思想，她基本上不管。可是等婆婆回老家了，她要自己照顾孩子的时候，她就觉得孩子所有的这些行为，怎么这么讨厌，特别烦人。

她问我，我怎么这么双标，我的孩子这样对我婆婆就没问题，为什么这样对我就有问题？

我说，你的孩子是不是做了一些你小时候想做不敢做的事情？

她说，是，我小时候绝对不敢这么跟大人说话。

我说，所以当你的孩子是这样的时候，你有什么体验？

她想了想说，其实是有担心，但是也不想他像我小时候一样被打压，所以其实是不想听见他们究竟说了什么，也不想介入他们的冲突。

当我们处于这种冻结，有时候看起来挺淡定的，在鸡飞狗跳的家里，就自己这么一个冷静人。但这其实不是冷静，是麻木。冷静，是不会关闭自己的，仍然听得到，看得到，只是不急于作出反应，但一旦作出反应，是有指向、有目的的。麻木，是完全把自己关闭在一个人的世界里，不打到自己头上，都不作反应，但因为没有接收足够的资料，即便作出反应，也是模棱两可或者简单草率的。

如果，家里有这么个抽离隔绝的人，其他人之间的矛盾是有机会被放大的，因为大家都在放大声音，希望被这个冻结的人听见。所以前面这个例子里，孩子跟婆婆作对，有可能是做给妈妈看的，因为也许跟妈妈闹没有用，妈妈是冻结的。再比如说，我们经常会看到的，一些婆媳关系里，因为那个男人是冻结的，婆媳的冲突被放得更大。

还有一个小区分，是跟这种冻结有关的：冷处理，还是冷暴力。

有些时候，我们需要一点儿空间冷静一下，的确是有效的，但是如果背后有冻结的失衡，就极有可能变成冷暴力。区分就在这个"冷"字——冷处理的冷，是冷静；冷暴力的冷，是冷漠。为什么要冷？避免过度纠缠，避免情绪的夸张和泛滥，但如果冷到切断关联，便是暴力了。冷处理，是让自己冷静下来，不被对方的情绪带着跑，从而可以保持清晰，作出有效的反应。冷暴力，是关闭自己，拒绝体验对方的情绪，以此获得控制权。冷暴力，是"你的情绪是你的事，与我无关"；冷处理，是"你的情绪是你的事，但我愿意为你做点儿什么"。所以我们要留意，我们的冷静里，是不是带着冻结的封闭，那不会真的解决问题，只会把爱降到冰点。

如果我们了解了这些模式，就可以对自己的反应越来越有意识。哪怕我们一时半会儿也停不下这个模式，我们也不必急着"改变"自己，又制造新的焦虑，起码我们能够看到，原来我认为的孩子的问题，其实是我们自己的模式被启动了。而模式的背后，是我自己里面受伤的小孩；这就是为什么在孩子的"问题"里，我们这么烦躁，火气这么大，我们能比孩子还焦虑。这不是因为外面的孩子，而是自己里面的那个孩子。

第二步，看见"内在的小孩"。

我们之所以会有各种模式，是因为我们要保护那个受伤的小孩。扩张，是先发制人，避免被控制、被攻击；回撤，是避让锋芒，建立边界；冻结，是弱化痛感，以免过激。所以模式的本意，是保护那个受伤的小孩，只是模式一旦形成，就会自动地运作，降低了我们的觉知和判断力。

模式的形成，有两类情境，四种反应。一类是模仿，一类是应对。模仿里包括顺势的模仿和逆向的模仿，应对里包括强势应对和弱势应对。

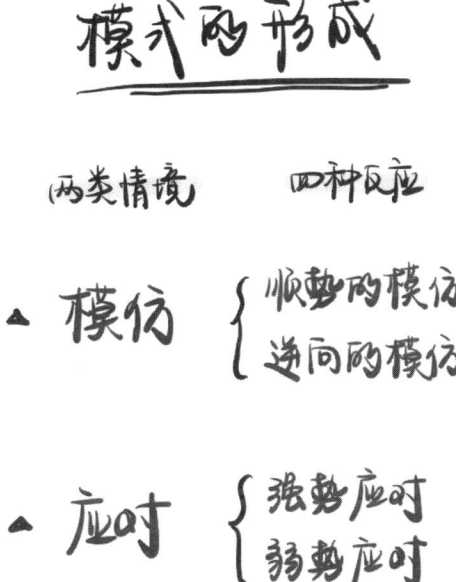

顺势的模仿： 爸爸妈妈是孩子最早的偶像，孩子总会在父母身上看到自己欣赏、认同的部分，或者他们看到父母这样做人是行得通的，他们就会复制父母的模式，这会

让他们觉得安全。比如，爸爸是强势的，所以没人敢欺负。孩子觉得这样有效，当他在关系里遇到挑衅，就会模仿爸爸的方式去处理，一旦用过有效，就会慢慢形成模式。

逆向的模仿：同样，孩子在父母身上的理想化，也会让他们不愿意接受父母的局限性和不完美，他们就会对自己说"我以后长大可不要这么活"，然后非要做一些与父母的行为相反的选择。但其实，还是以父母作为参照物的，只是拧了个方向。比如说，妈妈是逆来顺受的，孩子看到妈妈受的苦，就会活成要强逞能的模式，避免受妈妈受过的苦。或者家里有人非常唠叨，孩子就会刻意地沉默，能不说话就不说话，以此对抗语言的干扰，慢慢形成模式，什么话都只在肚子里说，不愿意表达出来。

强势应对：跟模仿不一样，"应对"不是在父母身上找参照，而是针对父母的行为设计策略。强势应对，是绝不避让，强过危险才能制服危险。比如父母打孩子，有一天这个孩子不躲了，他给你递个更厉害的工具，说"你打，你今天不打死我，你就不是我亲爹！"强势应对是用一个更大的危险引发对方的恐惧，来拿回控制权。

弱势应对：和强势应对相反，很懂得用示弱的策略。也许爸爸的手刚刚举起来，孩子自己就跪下了，"爸，我知道错了，我真知道错了，你别打了，你上次打的地方我还在疼呢"。或者用身体不舒服来应对父母对他提的要求，或者在多子女的家庭里，装乖装懂事，这都是弱势应对。看起来不硬杠，但其实内在也并不认同，只是会服软、装弱，避过强硬的能量。

每一种模式的形成，都是有相应的创伤情境的，只是我们可能一时记不起来了。但是内在的小孩，从来也没有忘记过，这就是内在世界的诚实。因为只有记得创伤，才能回到那个成长受阻的位置，做出一个新的选择，还原生命的自由。

内在受伤的小孩会用外在的小孩来帮我们看见，来提醒我们。所以，当我们在跟孩子的关系里失衡了，我们要收回投射，不是为了从"孩子的错"变成"我们的错"，而是为了把焦点和关注给到内在的小孩。

我们收回了投射，就会看懂，我对孩子的情绪，是因为我里面的小孩发生了什么。

当我嫌弃我的孩子混乱没有秩序，我里面的小孩在"秩序"这件事情里经历过什么？我有没有过被别人逼迫着去建立秩序？我有没有也被别人嫌弃过，所以把嫌弃投射在孩子身上？

又或者，当我的孩子成绩不好的时候，为什么我那么不好意思去见老师？我这么羞耻是因为我曾经经历过什么？在我自己的挫败感里，有想要而没得到的关怀吗？

……

　　每一次对孩子的无可奈何或者无法接受，我们都要听见自己的里面，有个受伤的小孩，在对我们说话。听见他，自己就不乱了，很多无法解释的情绪，也就慢慢明朗了。

　　第三步，成为内在的父母。

　　当我们看见了自己内在的小孩，我们就能够拥抱孩子的阴影，也能够拥抱自己的阴影，然后我们要启动内在的父母，调动自己无条件的爱，把没得到的补给自己。

　　当我们"成为"自己的父母，会对自己说没关系，每一个人都是一个小孩，每一个小孩都是在学着长大。我有我的局限，我有我想做而做不到的事情，但我没有做错什么。我只是想得到一些爱、关注，或者欣赏、尊重……别人没有给到我，他们也有他们的局限，而这一刻，我是我自己的，我可以给到我自己。

　　当我们在内在世界，足够接纳自己，允许自己，把爱给到自己，我们在外在世界里，再看眼前这个孩子，再看其他人，就有了"父母"的视角，会多出很多体谅，就能跟他们的局限性感同身受，会愿意珍惜每个人做出的努力，会感受每个人生命独特的美好。

　　要留意的是，内在小孩是记录创伤体验的，他只是我们没有清理掉的过往记忆，但他并不会攻击，不会制造破坏。内在小孩是帮助我们重建跟自己的关系，是关于我们愿意对自己做点儿什么，不是一个理由，要求别人为我们做点儿什么，或者以过往的创伤为理所当然，要别人的理解或认同。如果我们发现，自己想发泄一些"孩子气"在别人身上，那意味着，我们还不愿意"成为"自己的父母，那就不用着急，跟自己慢慢再试一次。没有什么是一学就会的，我们的内在父母不会逼迫，只会一次一次地陪着这个小孩做练习。

这个过程的重要性也在于此。我也见过很多人，因为面对了自己成长过程中的创伤记忆，表现得更加"孩子"，而且理所当然地认为，自己在疗愈的过程中，所以别人应该配合。这是妥妥的孩童心智的情绪策略，因为只面对创伤记忆，不能调动资源性记忆，是更容易失衡的。当然，我们愿意为自己做一些内在的调整，并不是一件容易的事情，的确需要一点时间，需要一个过程，也会有底层的情绪释放出来。我们可以提前为自己做点准备，准备一段安全的关系——让身边可以支持我们的人知道我们会发生什么，我们需要他们的什么支持，只要是我们自己负责任地安排，他们会很愿意，不会觉得负担。准备一个安全的空间——可以哭，可以笑，可以释放一下情绪，而不必有所顾虑的空间；准备一些专业的资源——可以询问，可以倾诉，可以指引的专业的人；再准备一点时间——让自己对自己有耐心，然后对孩子有耐心。

当我们愿意为自己做这些，我们跟孩子的关系就会开始有所不同。

就在前不久，有个爸爸因为孩子的事情困住了，孩子的问题看起来还挺严重。我们支持他，先在自己身上做点儿不同，爸爸从焦虑里停下来，决定回去重新跟孩子进行沟通。他一回去，就给我们发信息说，没事了，孩子转移了，不较劲儿了！他之前期望而觉得不可能的，竟然发生了。他很惊讶地说，难道，我跟我的儿子同步了？我们不去"神化"这个过程，猜测那些自己看不懂的现象，但是我也想说，父母跟孩子的关联，真是很神奇！这么多年，我们见证了那么多的故事，也许亲子关系是这个世界上最神奇的关系，有着无限的可能性。虽然不要指望每次都奏效，因为冰冻三尺非一日之寒，总需要时间慢慢解，但只要做了，自己就会知道，一切开始不同！

第四步，重建平衡。

当我们可以成为自己内在的父母，我们就有一个机会，重建内在的平衡。

什么是平衡？平衡，是当我们推倒不倒翁，就会看见它在失衡中仍然具有的内在的稳定，而不推的时候，它没有倒来倒去的时候，是看不见那个平衡的。所以平衡，是我们在失衡的过程里，迅速找回重心的能力。如果不失衡，我们也看不见自己的平衡。大家都玩过推手游戏吗？两个人面对面，手心对手心，谁先让对方失衡就是赢。这就是一个用失衡看见平衡的游戏。

所以我们说，失衡是显性的，只要发生就能看到，而平衡是隐性的，没有失衡的时候是看不见自己能不能平衡的。

重建平衡，并不是说我们从此以后，就都妥妥当当，就不再失衡了，恰恰相反，我们的自我调节能力越强，我们越敢失衡。这不是说我们会故意找事儿，而是敢于放手，让自己的生命力充分地实现；敢于冒险，让自己去到安全地带之外；然后在更大的失衡里，不断找回重心，人生的游戏，就会有全新的空间。央视春晚大家看到的"青绿腰"，不就是在失衡里看见平衡，才惊艳的吗！

当我们允许失衡，并且愿意在其中找到自己的功课，我们就会看见自己，不再那么固执地"要对"，而是会把失衡当作一次放大模式的机会，用好这个机会去找到生长点，我们就会找回重心，重建内在的平衡。我们能在失衡中找回方向感，也能体验到情绪有弹性，不会非此即彼地思考问题，真正创造性的思考，就会开始了。

第五步，有效干预。

经常会有一些父母，很谨慎地问我，能不能这样做，能不能那样做。我说，你什么都能做，前提是你自己是平衡的，你拿得住自己，才能拿捏对孩子的轻重。

但有一件事，是我建议大家不要做的，就是绝不要在自己失衡的时候，对孩子去做一点儿什么。不是那个行为本身有问题，哪怕是"打孩子"这个行为，也会有一些时候是恰当的，但如果是因为自己情绪失衡，而转嫁在孩子身上，别说是"打"，就算是个"拥抱"，也有可能伤了孩子。

大夫们会说，用得好，砒霜是良药；用不好，人参是毒药。这就是，若能平衡，招招可用；若不能平衡，怎么做怎么错。

所以有些时候，我们教育孩子的方法其实是有效的，但是我们自己的状态是无效的。那个状态里，找多少方法，结果也都如石头扔到海里一样。当我们调整完自己的状态，可以中立地重新去看待孩子究竟发生了什么，我们就不急于解决问题了，我们更愿意在这个问题里，跟孩子一起实现一次充分的成长。在这个出发点，我们才能做出真正有效的干预。我们会跟孩子重建一场新的共鸣，在我们共同的课题里找出生命力的新的可能性。

怎样做可以有效干预，我们在后面说。当我们建立了这个意识，就不会在两个极端之间摆荡——从无意识地瞎管，到有意识却不敢管——当我们自己能找回平衡，我们跟孩子的关系里就没有什么是不能做的，没有唯一正确的选择，没有必然有效的方法，只有陪孩子一起成长的爱与承诺。

当我们完成了上面的五步，我们就能"站稳"自己，为后面的努力打下根基。

我们站稳了，孩子会怎样？

首先，他们会收回焦点，愿意关注自己。

如果父母的焦点都在孩子身上，孩子也会把焦点放在父母身上，都穷于应付，成为彼此的受害者。当我们收回焦点，能对自己有体验，就能用体验自己的方式去体验孩子；孩子也会愿意收回自己的焦点，愿意去意识到自己发生了什么。这就是孩子在父母身上学习的方式。如果我们能平衡自己，而不急于对孩子的反应作出反应，他就会意识到我们在体验他，我们在了解；他也就不必应对我们的反应，他也就会感受到自己，看见自己发生了什么。也许他就忽然停下来，转身就进房间了，他需要一点儿时间去处理他自己意识到的那些信息。孩子只有把焦点收回到自己身上了，才会真正地对自己负责任。

其次，孩子会从问题回到课题。

当我们站稳了，孩子就会体验到我们不是在指责他，不是急于搞定或者改变他，而是真的愿意了解他，他们也就会对于自己的人生保持好奇。他们也会接受，成长就是这样一个不成熟的过程，他们不必争拗也不必证明，他们有权利好好做个孩子，玩一些小孩子才玩的策略，但他们要负责任地长大。如果一个孩子可以把他的焦点从"完了，我爸会怎么收拾我"转移到"我要练习自己的什么，我要做点儿什么不同"，他们的心气儿就不一样了，他们就会真正意识到，生命就是用来成长的。

最后，他们会允许我们参与他们的人生。

这一点是很宝贵的。不要以为，我们带他们来到这个世界，我们就有天赋的权威，可以控制他们的选择，如果孩子不打开他们世界的大门，我们是进不去的。在父母这个位置上，我们也不能越位，我们是他们生命的启蒙者，不是控制者。我们需要敲敲门问他们，我可以进来你的世界吗？我可以在你的痛苦里陪伴你吗？我可以在你的难题里跟你一起学习吗？我可以在你的挫败感里给你一个拥抱，然后跟你一起去面对和发现吗？

如果他们在跟我们的关系里，体验到我们"站得稳"，他们就会打开门邀请我们进入他们的世界。他们其实也想分享的，只是不想被父母的自以为是搞乱了自己的世界。我有个朋友，他在跟他的两个儿子的关系里，之前一直是个大家长的姿态，是个说什么都对的爸爸。但是当儿子慢慢长大，来到理智中心阶段，他怎么对，他的儿子就怎么挑他的错处。父母越想证明自己对，孩子就会越想证明你错，因为那样他才能支撑起一点儿做自己的空间。等到这个爸爸站稳了自己，放下那些做不好爸爸的焦虑感，有一天他的儿子突然跑到他面前说，爸爸我可不可以跟你分享一下我的生活，我可不可以邀请你来参加一下我们的活动？那一刻他热泪盈眶，我们也都跟着他一起感动，孩子发出的邀请，甚至比"我爱你"还珍贵。因为这意味着，在他心里父母是他生命的养分，而不是压力，这是孩子对我们的"加冕"，孩子赋予我们做父母的权利，比起天赋的父母的权利，更有价值！

作为父母我们不能渎职，也不能越权，当我们真正拿到了孩子的"允许权"，才有机会跟他们的生命进入到一种更深度的连接，可以做更多深度的探讨，而且孩子在他生命中遇到难点时，会真的愿意回父母身边寻求支持。

亲子关系，要等孩子离开我们了，才看得到我们做得好不好。小的时候在身边，还能"管"住他们，等到他们自主了、离开了，在他们生命中真正需要商量和支持的时候，他们第一时间想到的，会是我们吗？还是因为担心被父母评价，被父母干预，反而越困难的时候，越不让父母知道呢？那我们就没有办法在孩子真正需要我们的时候，用爱支持他们了。

那就让我们试试，从"天赋"的父母去到孩子"授权"的父母吧，真正成为他们内心的资源性的记忆，我们才会有跟他们共同经历生命旅程的美妙，看着他们的种子，四季更替，生生不息。

当我们可以连得上孩子，亲子关系就变成一场美妙的共鸣，我们会跟孩子彼此唱和，体验着生命之间奇妙的缘分。

第四章

连得上孩子

站稳了自己，接下来就要把焦点放到孩子身上了。如果只在自己身上调整，不知道可以对孩子做些什么，那也不是一个完整的选择。我们要跟孩子建立连接，创造共鸣，才能用我们的爱与力量，支持孩子完成他们的成长课题。如果我们什么都不做，上天还派父母给孩子做什么呢?

我们跟孩子连接的基础

首先要作个区分，我们跟孩子连接的基础，是共鸣，不是理解。

通常父母都会做的事情，是把我们的想法说给孩子听，要让孩子知道我们为什么这么看待他，要让孩子明白我们的用心，认同我们对于某些事情的观点，这叫作理解。又或者反过来，我们要理解孩子，就要认同他对学习的想法，接受他的安排，同意他对自己人生的选择。

一旦寻求理解，我们会希望彼此是一种声音，说同一种道理。

但共鸣不是，共鸣是不同的声音，同一个频率。就像不同的乐器，用各自独特的声音，才能合作一首丰富的旋律。可能谁跟谁的乐谱都不一样，但大家在同一个振频里，并且能彼此衬托出对方的美好。

我们跟孩子都是独立的个体，没法儿彼此都理解。执着于理解，就会抹杀了个体性——也许是孩子的，也有可能是父母的。

而共鸣，是在我们跟孩子本来就一致的层面，同频共振。我们跟孩子都是独立的生命意识，透过独立的心智系统调动不同的生命态度，启动我们的生命力中心，我们生命的系统是一样的。**共鸣，是让这两个独立的系统能合作。**

我的孩子会喜欢一些我不喜欢的明星，会读一些我不读的书，听一些我不听的音乐，还会喜欢上一些我未必喜欢的人……我们在观点的层面没有办法一样。但是他喜欢这个音乐的时候所引发的内在的态度——激情、专注、敞开，跟我喜欢音乐时候的态度是一样的，所以他可以听着他的音乐，我可以听着我的音乐，我们内在都活跃着同样的态度，我们的生命体验就能够共鸣。又或者，我的孩子喜欢上一个我觉得不怎么样的人，甚至他的个人风格对于我来说都会很有挑战，那个时候，我没有必要跟他去探讨他为什么喜欢这个人，问出来我也理解不了，我只是留意，他在这段关系里启动了什么样的态度，是求全的、委屈的、求认同的，还是足够的、喜悦的、有力量的。如果焦点放在观点上，我们难免用自己的人生经验去约束孩子的选择，毕竟，谁不觉得自己的想法是有道理的呢。但如果我们把焦点放在态度上，不管他们做什么样的选择，我们不争拗理由，只关心在这个选择里，孩子有没有活出有生命力的自己，有没有活出对生命的理想和向往。当我们只在态度上去共鸣，我们才会跟孩子一起看到他的选择对他的影响。只有从"理解"里跳出来，我们才能跳出那些啰唆的"因为、所以"的说教，才有机会把焦点从事情里，转移到人的身上。孩子会体验到，我们不在乎他们的选择对错，我们接受那些理解不了的部分，我们在乎的是，他做的选择令他活成了一个怎样的自己。谁都做过各种愚蠢的选择，但是可以在不完美的选择里磨炼出一个有智慧的自己。

我的女儿经常会跟我讨论她跟朋友的关系，有开心的，也会有不开心的。她也会跟我讨论，什么样的人适合做朋友，什么样的人不适合做朋友，她未来找男朋友会找怎样的。我会跟她说，妈妈并不了解这个人，而且我也不能把你告诉我的就当作真相。我只看得见你，我看得见你在这段关系里是真的很喜悦，吵架都兴奋，还是得在这段关系里小心翼翼去维护，我看得到你是在给别人空间，还是因为怕失去朋友，所以迁就。我看得见你就行了，至于那个人适不适合做朋友，在于你有没有能力处理好这段关系。所以，你看住你的关系，我看住你的状态，如果需要，我会提醒你好不好。有些关系，看起来不怎么样，有些人的确很难相处，但如果你的状态很好，妈妈都觉得有价值。如果有些关系看起来不错，可是我看到你的态度是很低频的，那我们就来留意一下，你有没有为了维护好关系而委屈自己。

如果我们不能区分出观点和态度，越想跟孩子建立连接，越容易一不小心就过度干预。

当我们准备好跟孩子的共鸣，就可以开始"连得上"的练习了。

连得上孩子的什么呢？还是回到基本章法：

本能中心，连上意向；情绪中心，连上体验；理智中心，连上想法。

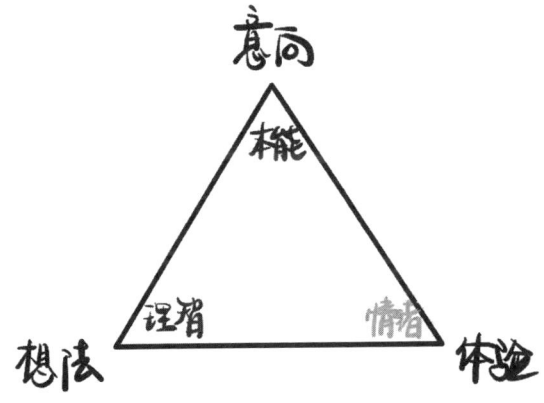

本能中心，要连得上他们的意向。就是得知道他们究竟要什么，我们不要自己给他们安一个人生目的，给他们

安一个价值追求，得连得上他们内心真实的"想要"，这是他的一切动能的源头。意向这件事情，是教不了的，因为不在头脑里，在"心"里，就像打开宝藏一样，只能一点点去发现，不能造作。

每一个中心的能量都有不同频率的状态，本能中心的低频是占有欲，表现为他对于外在结果的渴望；高频是理想，表现为他对内在价值的确认。

情绪中心，要连得上他们的体验。也就是各种情绪反应，是因为他们内在发生了什么反应。情绪中心的低频，是受害和纠缠；高频，会透过关系来丰富自己，也就是负责任。

理智中心，要连得上他们的想法。我们得知道他们在想什么（思考的主题），他们在哪些资料里想（思维的素材），他们用什么方式在想（思维的章法）。理智中心的低频，是焦虑感，是自我中心，保持距离；理智中心的高频，是独立性，是创造力。

如果我们能跟孩子连上，就能支持他们用好自己三大中心的生命力，打开一个全新的空间。如果连不上，他们会为了坚持做自己，而竖起围墙。如果连得上，我们可以为他们助把力。如果连不上，我们的努力在他们眼里，可能都是自作多情和自以为是。

知道孩子"要什么"

从本能中心开始，也就是一切要以知道孩子"要什么"作为起点。

我们一直说要尊重孩子，就是要尊重他的生命的本意。我们可以干预他们的行为，但不能替代他们的意向。孩子如果不能为自己的"意向"做主，就失去了力量的源头。

在教育里，我们做什么能够在孩子心里留下痕迹？这取决于在第一步我们有没有跟他的意向连接上。如果我们跟孩子的意向是一致的，他们就会收到我们的支持，记住我们说的话；如果我们跟孩子的本能中心没有连接上，意向是冲突的，他们就会用拒绝聆听来保护自己的意向，然后记住他们跟我们之间的应对策略。

连得上的第一步，就是我们要尊重他们"要什么"。但不是本能中心低频的共鸣，不是关于他们要买一部手机，他们要最新版的篮球鞋，他们要自己去同学家住两天……不是尊重这些"要"的行为或者结果，否则他们就会误以为他们要怎样就怎样。而要看到他们要做的这些行为，要得到的这些结果背后，他们想实现自己的是什么。

举个关于孩子们不肯穿校服的例子。小朋友们到了情绪中心阶段，就要发展美感，这是他自己内在的生长课题，就像种子到了时节要发芽，你是拦不住的，到了时节要开花，你也是拦不住的，拦住了不就扼杀了吗。所以孩子们特别不爱穿校服，还发展出各种应对老师的策略，比如说在校门口才换上，把校服的拉链拉得很低，露出里面的衣服，或者说校服洗了还没有干所以没穿等等各种借口。

"教育"留下的痕迹

意向一致 → 让住支持

意向冲突 → 让住策略

这个时候，如果强行扭转他们，其实就是在跟生命的"意向"作对，就会逼着他们越来越有策略。那我们就要识别，他们的内在意向，是发展美感，只不过用穿衣服这个行为来表现。我们不要计较这个行为，要先连上他们的意向——美感意味着什么？意味着我们对于生命的超越性的领悟，意味着对生命形式的升级和提纯。美感，能够帮助我们打通不同的人之间的情感共鸣，所以艺术作品可以无边界地共鸣。美感的发育，对于孩子们未来生命中的平衡和弹性是多么重要。当我们接受了这个意向，就能体谅他们被憋在没有美感的校服里，是有多不舒服。然后，我们再创造性地处理。

先跟他们一致，他们对于美的追求是有意义的，美代表一种生长性，代表一种创造力，一个人的审美能力关乎他在生活中能不能感受生命本身的美好。意向一致了，接下来的话孩子们才听得进去，就可以带他们升级玩法了，这就是有效干预。

美感是无处不在的，如果穿校服就等于不美了，那对于美的领悟就太狭隘了。如果必须要穿得跟别人不一样才是美，那你对于美也没有什么创造力。不如试试在校服里穿出美来。

这些话，如果没有连上意向，说了孩子也不会听，但是连得上，接受他们的意向了，孩子们真的会听进去。再给他们一点儿小挑战，小朋友们就活跃了。后来他们就在班上做了关于美的主题活动，关于什么是美，怎样展现不同的美，校服也不妨碍他们展现魅力。他们还排练了一个集体操，感受健康的美……总之，支持孩子们在爱美这件事情里，升级一步，玩出新高度。

连得上意向，就是"我知道你要的是什么，来吧，用更高级的方式实现它"。

有一次在机场，飞机延误了，有个妈妈带着三个孩子等飞机，国际航班，全家头等舱，看得出来家庭条件很好。我跟我女儿也在等飞机，也许是看见了我跟女儿的互动，这个妈妈就过来跟我聊天。她担心说，现在条件太好了，会惯坏了孩子，但是有条件不给，又觉得亏待了孩子。这其实，还是本能中心没有连上孩子的意向，给与不给都是自作主张。惯坏孩子的，不是因为我们给了他们什么，而是他们没有建立起为自己创造的意向，没有找到自己生命的重心。如果孩子不知道自己要什么，你不给他，他就匮乏；你给他，他就过度占有，都是失衡。当他们真正知道自己要什么了，也就知道怎样寻求我们的支持了。我们提供的是养分，他们仍然负责任生长自己的种子。知道自己要什么的孩子，是惯不坏的。

要留意的是，这个"要什么"，不是头脑里的想法，是生命内在发展的节奏。这在上一本《成为学习型父母》里讲得很详细了，生命的每一个发展阶段，都有一些内在的命题要实现。这些命题，也是内在的驱动力，会让我们特别愿意去做点什么。大部分时候，孩子自己也想不明白究竟要什么，只是感受到一种无形的驱动，而我们的工作，就是让他们渐渐清晰内在的需要和驱动是什么，不必胡乱应对。

看见孩子在"演什么"

连上了本能中心，就能找到一致的方向感；连得上情绪中心，就能保持频率一致；然后再交流想法，才能顺畅。如果情绪没连上，话说得再有道理，情绪不能接受，越"对"，就越对抗。

在情绪中心，如果我们能感受到孩子的体验，就得获得很多语言里没有的信息，那时候的连接感，就会丰富而细腻。

情绪中心的连接，需要做两件事情：一件事情叫作允许，一件事情叫作干预。

允许，是接受他们的体验有他们的合理性，不必用我们自己的习惯去评判他们，嫌弃他们太软弱或者太暴躁。情绪是很扩张的能量——哪怕是回撤的情绪，方向是向内的，能量仍然是膨胀的——任何的不接纳，都会放大情绪的强度。

干预，是不要以为不做什么就是对他们好，情绪之所以会扩张，就是想被看见，想产生互动。不能及时被呼应的情绪，就会容易失衡。这也是为什么有时候，越容忍，对方反而越过分，因为一味的容忍让那些情绪觉得被忽略了。

所以，我们对孩子的情绪反应，要立场鲜明，同时要留有余地。

这里也有一个很重要的区分：哪些是初级情绪，哪些是情绪化策略。

情绪体作出的反应，我们都称为情绪。情绪产生于我们内在意图和外在环境的关系，是一致还是冲突，都会有情绪，只是不同主题的情绪。如果我想要的，环境刚好配合到，就会有兴奋、高兴、得意等情绪；如果我想要的，环境配合不到，就会有沮丧、愤怒、不满等情绪。情绪的功能，就是扫描周围环境，跟我们的内在意图是什么样的关系，然后好作出调整。

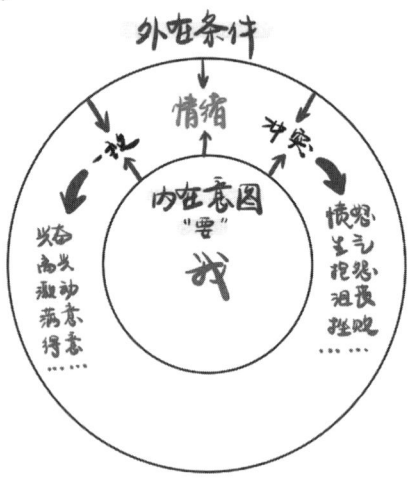

如果我们的意图碰撞到环境，直接作出的反应，我们

称为初级情绪，这是我们的情绪体对环境作出的"触摸"，是对我们内在反应的直接表达。但如果我们对于初级情绪是有评判的，是不能直接表达的，就会发展出另一种情绪，目的是对外在环境作出影响，这就是情绪化策略。所以简单地说，初级情绪是表达自己的，情绪化策略是用来对别人、对环境施加影响力的。

比如说，小朋友走路摔倒会痛，他会哭、会难受，这个是初级情绪，因为这是他的情绪体对于他当下体验的直接反应。可是，有些孩子在他的家庭里，哭泣和悲伤是不被允许的，这样等于软弱和丢人，所以当他一悲伤，就会觉得自己丢人了。悲伤不被允许怎么办？他就愤怒，也许愤怒反而是被允许的，那样代表力量，代表有主张。这也就意味着，每当他体验到悲伤的时候，就要用愤怒来替代。悲伤，是初级情绪，而这个愤怒，就是个情绪化的策略，策略化地掩盖自己的悲伤，同时也策略化地控制别人来关注自己。很多男孩子，都有这样的情绪模式，因为被过度强调男性能量，所以有时候他们特别愤怒，脾气很大，但是处理不了这个情绪，因为这是个情绪化的策略，背后其实是悲伤或者恐惧，所以他不会允许别人安抚他的愤怒，这样会暴露了藏在愤怒里的软弱。

明白了这个区分，在情绪中心的工作就明晰了：允许他们的初级情绪，是什么样的都允许；干预他们的情绪化策略，把他们带回真实的情绪反应里，才能真正关怀到他们的内心体验。这也是为什么有些时候，父母觉得已经很迁就孩子的情绪了，已经很体谅他们了，他们怎么还不满意？因为我们搞反了，迁就的是他们的情绪策略。策略这个东西，越迁就，越容易变本加厉。所以我们一定要干预才是帮他们，不然他就回不到自己真实的情绪里，他也不舒服。

我们就可以对他说：你不用这么大声地说话，我听得见；我听见你难受，我感受到了，你直接告诉我，你不舒服的是什么；你这样说，我不太知道你要告诉我什么；没关系，妈妈可以等，你可以先把脾气发完，但我知道你要说的不只是这些……

当然，重要的不是说什么，而是在说的时候，我们的态度。我们要敢于贴近他们，也要敢于碰撞他们，知道他们被困在情绪化策略里的难受。情绪化的策略各种各样，有些会用比较强势的情绪去掩盖自己里面的柔弱感，也有些会用比较柔弱的情绪作为一个策略要求别人的保护，我们都要看得懂。然后，我们会在他们的情绪策略面前很清晰，有立场，同时也带着关怀和体验。我们不必好像戳穿了他们似的抖聪明，而是很中立地让他们知道，我需要体验到你内在真实的感受，我才有机会知道怎样帮你。

有一个案例，一个女孩子（中学）转学到一个新的学校，她原来的学校是市重点，老师也有些不解她为什么要转学。转学过来以后没多久，她就突然晕倒了，老师很紧张，立马通知了家长。家长过来了，并不慌张，也没有跟老师说些什么，过了一会儿这个孩子就好了。家长带着孩子回去休息了一两天，然后又回来了，家长仍然没有跟老师询问孩子在学校里发生了什么。不久以后，这个孩子又晕倒了，老师就更紧张了，她担心这个孩子的身体是不是有问题。我们在探讨这个案例的时候，我就邀请老师去留意，这两次孩子晕倒，家长过来也不询问，也不紧张，也不跟老师拿资料，就把孩子带回去了，没多久又把孩子带回来，这会不会意味着他们并不是第一次经历这个状况，已经心里有数。而且家长也并没有跟老师说些什么，没有做主动的沟通，这是个回撤反应，也许他们里面有羞耻感或者他们对孩子这个状态有批判，他们甚至会觉得这个孩子是装的或者夸张的，所以他们不想对于这件事情给予太多的关注。而这个晕倒，的确有可能是孩子的一个情绪化的策略，是用"弱"来寻求关注和保护。可是我们不要认为，她的晕倒是有策略化和夸张的成分，这个状态就不值得关注。有些时候会有家长是这样，看到孩子的策略，就会说不要搭理他，装的。可是在情绪化的策略背后，的确是有真实的痛苦的。我们一定要愿意去体验，这个孩子在用这种很柔弱的情绪、很容易就承受不了环境压力的反应隐藏什么呢？我们再看，她从那么好的学校转学出来，并没有什么特殊的原因，这也是一个离开高竞争的环境的图像。所以很有可能，她的初级情绪是"挫败、沮丧"，但是她的挫败感是不被允许的，那样显得不够积极上进，她应该越挫越勇，所以，她要用极端的"承受不了"来换取一点儿关注。要留意一下，在她的家庭关系里，是不是没有空间去探讨挫败感，挫败感是一件被回避了的事情，所以孩子才需要一个情绪化的策略，强烈地要别人去看见她承担不了的压力是什么。

当我们能越过孩子的情绪化策略，连接上背后真正的情绪体验，我们才能真的懂他们在"演"什么和"想要"什么。我们越能允许，越懂孩子，也就越敢干预孩子。

再举一个我们经常会遇到的小例子。

对于孩子的情绪化策略，要立场鲜明，同时留有余地。当我们识别到他们发生了什么，就需要果断地干预，千万不要把犹豫不决等同于脾气好，也不要把不敢发力当作有耐心。

一次我们一群朋友聚餐，有一位带小朋友来的爸爸去洗手间了，小朋友（本能之情绪阶段）自己在座位上，周围的人好像认识又不太熟悉。有其他人入座，小朋友就不让坐了，拦着左边的位置说，这是我爸爸的位置，又拦着右边的位置说，这也是我爸爸的位置，这些都是我爸爸的位置！总之，就是不让别人坐。有朋友企图过去安抚她，但是不敢发力，小心翼翼地劝，小朋友就开始越发胡闹了。我们得看得到，她其实是有点儿没安全感，因为爸爸不在身边。不安是初级情绪，霸道和胡闹都只是情绪化策略，想"撑大了"自己找力量感。这个时候是要迅速干预的，不然她可能把这个策略越放越大。我让其他人安静，然后看着她清晰而坚定地说："宝宝，今天的位置是阿姨（就是我）安排的，让阿姨来安排吧。"她一下子就停了下来，因为我突然停掉了周围人陪她玩的哄劝游戏。趁她停下的一瞬间，我又很简单地对她说："爸爸在洗手，很快就回来了，小姐姐来陪你玩儿。"旁边的小姐姐就拿着游戏找她玩儿，她就安静了，跟小姐姐很开心地玩。那个一直在哄劝她的朋友有点儿惊讶，因为之前她的情绪看起来很大，怎么说没事就没事了。这个阶段的小朋友的情绪其实不难处理，但很多时候大人们看不懂，把孩子搞得更烦。小朋友在情绪策略里，他们很难自己停下来，如果我们可以帮他们叫停，还能明白他们心里发生了什么，一边干预他们的策略，一边关注他们的内心，他们反而是舒服的。但如果，我们一看到他们有情绪，就企图哄他们，焦点都在情绪上，他们反而会不安。当然，前提是我们要先站稳自己，我们的态度是"我知道你怎么了，我正在帮你"，而不是嫌弃和烦躁。要注意的是，干预情绪策略要利落但不要粗暴，干预完要关怀到他们真正的情绪，让他们知道他们是被保护、被爱的。

父母要有能力"介入"，也要有能力"干预"

最后一个点，是连接他们的想法。这个部分就更需要强调我们前面作过的区分——要共鸣，不是理解和认同。

思考这件事情，也有个基本结构：想什么，用什么想，怎么想。我们要有能力"介入"，也要有能力"干预"。

思考的结构 {
思考的主题（想什么）
思考的素材（用什么想）
思考的章法（怎么想）
}

首先，得有个思考的主题。他拿着一件衣服发呆的时候，不一定是在想衣服的事儿，他可能忽然想到上次他穿这件衣服的时候答应别人的一件事情还没有做，或者想着今天有什么课能不能穿这件衣服。如果我们不知道他们在想什么，通常都是鸡同鸭讲。

其次，他们用哪些素材在思考。他说，这个老师特别好，可能用的素材是老师的专业能力；而我们觉得，这个老师不怎么样，用的素材是老师的沟通表达能力。如果我们的思考所使用的参考材料就不一样，如何能对得准口型呢？

最后，是思考的章法。他们是什么思考结构，用了什么思考的工具或方法，我们不一定都知道，但是要有去了解的兴趣。如果他们在大胆设想，我们就不要急于求证；如果他们在深度分析，我们就不要嫌他们批判挑剔。

连得上想法，不是他们在想什么我们都要知道，有很多时候，我们只是想"知道"，并不想"了解"，那样就会知道了也连不上，因为我们感兴趣的只是他们的结论，而不是孩子在思考中的状态。当我们连得上，才能介入他们的想法，做出必要的干预。

2020年春天，疫情刚来的时候，疫情的走向并不明朗，各个国家对待疫情的态度也不一样。我女儿就会经常跟我讨论，某国的总统为什么这么愚蠢，他在撒谎，他对他的人民不负责任，等等。她的话挺有意思，有小孩子的偏激，但也的确有她的见解。首先我得知道她想跟我聊什么，不是跟她一起骂这个总统就是共鸣，而是看得到她好奇于，为什么这样的人能够当上国家首脑呢？这才是她的思考主题。而她的思考素材，很显然，主要是新闻里听到的，还有一些是同学群里的探讨。她得出结论的方式，是找到出现频率最高的典型特征，然后先有结论，再补充证据。这样我们就看懂了孩子在思考这件事情里究竟做了什么。而且我听到她跟我说这件事情的态度，听起来是吐槽和批判，其实也带着疑惑，她是想听听我的想法的。但是小朋友总要先强调自己的想法，才觉得跟我们有对话的资格。

我就先跟她共鸣说："有意思啊，你都发现他是个撒谎大王，发现他胡闹了，你怎么看到的？"

她就开始给我搬资料，这个人的语言前后矛盾，这个人对待记者的态度，他的政策，他每次撒谎针对的焦点……说得挺明白。

我就接着问她："那你有没有想过为什么他有机会成为一个国家的首脑呢？如果他是个疯子，他是个笨蛋，难道所有选他的人都是疯子和笨蛋吗？"

她说："是啊，为什么呢？"这就是我们在思考的主题上共鸣到了，她知道我明白她想聊什么。

我说："所以在这些看似荒唐的对话背后，有没有可能还有一些政治化的策略？有没有可能恰恰是他自己的智慧，又或者是他们在疫情环境下的策略呢？如果你只说他是个笨蛋，他是个疯子，你只是鄙视了他，你并没有看懂他，你一不小心也会掉进他的策略里。批判一下别人很容易，可是如果你的生活里也遇到这样的人，你先得假设他是有智慧的，不是傻的，你才有机会看懂他究竟在做什么。鄙视一个人很容易，但如果我们假设他的选择有他的道理呢，我们会学到什么？"

她就停下来想了想说："那我们现在是不是要假设一下他其实是有智慧的，再看看他这样做有什么好处呢？"我说："好啊。"

这就是我们在思维方式上的共鸣。当我们跟孩子连得上，再去干预他们的想法就不是一件困难的事情了，因为他们也会对父母的智慧感兴趣。这个过程就不再是观点争拗，会很有营养，我们会跟孩子有找到知音和拍档的感觉，慢慢建立起我们内在的连接和默契。

那么我们怎么跟孩子连上呢？

很简单的公式：**信息输入—信息处理—信息输出**。

这三步我们应该都不陌生，每一步做好了，都能创造很棒的连接。

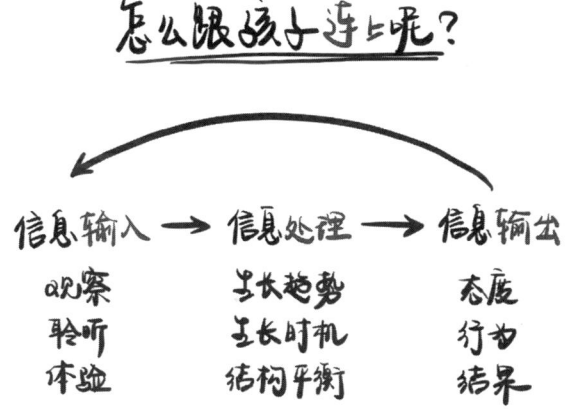

怎么跟孩子连上呢？

信息输入 → 信息处理 → 信息输出

观察　　　生长趋势　　　态度
聆听　　　生长时机　　　行为
体验　　　结构平衡　　　结果

信息输入：观察＋聆听＋体验。

信息输入，是要真正把孩子装进心里，在孩子的资料里思考孩子的问题。最影响亲子关系的连接感的，就是"我觉得、我认为、我这么想、我的经验……"当我们总是从"我"出发的时候，我们眼睛里就没有孩子了；我们以为很在乎孩子，但其实眼睛里只有对孩子的担心和焦虑，只有关于这个孩子的标准，却没有切实的资料。我们把担心，误以为是关心。

经常会有父母跟我探讨，孩子要选择什么学校，公立学校、私立学校，还是国际学校，要学什么样的课程，IB课程会不会太难，公立学校会不会没有创造力……在他们的对话里，是听不到孩子的，可是他考虑的每个问题又似乎都跟他的孩子有关。我会说，你有没有体验过你的孩子，他喜欢跟什么样的人一起玩儿？他现在是用什么方式学习？他喜欢听还是喜欢看还是喜欢动手试验？你有没有带你的孩子到不同的校园，留意他对于环境的体验？进去一个学校，孩子更关注于什么？他用什么方式跟人建立联系？你有没有你孩子的资料？

通常我问完一通，父母们都露出一张懵懂脸，好像孩子一样无辜又无助，给不出什么资料来，能说出来的都是观点。难怪选择困难呢。如果我们没有关于孩子的资料，都是自己认为，自己觉得，难道是我们自说自话地做一个选择，再把孩子塞进去，让他按照父母的预期去成长吗？

我们可以做三件事情来输入信息：第一件事情观察，第二件事情聆听，第三件事情体验。

观察就是看，有意识地看。

我们一定要学会用观察来拿资料，才能跟孩子连得上，否则，孩子的理智能量一发展，就不太愿意主动地交流，越问越问不出来，因为我们的问题就有可能不在点儿上，让孩子觉得我们根本不懂他们。这个时候，我们观察到的资料，就能帮上忙。孩子其实很烦父母什么都要问，什么都想知道，却不真正了解自己。也经常有父母说，孩子拒绝交流。我问他们，你们都跟孩子交流什么呢？他们就会说，问问他们在学校怎么样啊，老师怎么样啊，同学怎么样啊。我说算了吧，是我也不跟你聊天，你看你问的这些问题，都是套话，孩子听起来觉得都跟自己没关系。

所以，作为有智慧的教练型父母，千万不要什么都问，那是在暴露我们的无知和没有办法。我们要用自己的眼睛去看，看典型场景、典型反应、相关元素。

还是用例子来看。

有一个妈妈跟我说，她的孩子特别追求完美，功课一做不好，他就哭，怎么办呢？

我说，你可不可以告诉我你的孩子是哪一科的功课做不完的时候他就会哭，还是每一科做不完都会哭？是题太多了他哭，还是题太难了他哭？他是在规定时间做不完的时候哭，还是做了很久还没做完的时候哭？他是在你们在身边的时候哭，还是你们不在身边的时候哭……这些是典型场景。

当他哭的时候，通常是怎样开始的？是从烦躁开始，从愤怒开始，还是从沮丧开始的？他一边哭一边还会做什么？他哭的时候你们做了什么？你们做完，他又会怎样？他哭完之后又会做什么？他通常哭多久会停，还是你们不干预就不停？有哪些办法你们试过会让他停……这些是典型反应。

他做功课的时候通常谁在他身边？他哭不哭，跟他身边的人是谁有没有关系？他做功课的时间，通常是谁给他安排？他哭的这门功课，他跟这个老师的关系怎么样？他的朋友们，这门课成绩都是怎样的？他有没有做不完也不哭的时候，那天发生了什么，跟往常有什么不同……这些是相关元素。

当然，妈妈回答不了我的问题，大部分时候都会是这样。通常，我把问题给完他们，让他们回去把这些题都答了，再来找我拿指引。不然，聊什么？

我们在生活中，观察孩子的时间真的不太够，如果我们愿意用心去观察我们的孩子，很多的现象都会做到心里有数。比如说，他什么时候开始注重自己的穿衣形象了，可能是受了谁的影响；他什么时候是提前出门叫同学一起上学，又什么时候他开始不愿意提前出门，就等着这个同学来叫他；他什么时候是手机不离手，去到哪里拿到哪里，什么时候在家里面找手机，找半天都找不到，这就意味着他有一段时间没有理会手机了。这些都是我们要为了解孩子积累的资料。积累的资料越多，我们对孩子的行为模式、情绪模式、思维模式就会越来越懂。当我们懂了，在跟他们沟通和互动的时候自然而然就会带出某种默契感，这个时候孩子就会体验到我们的用心和贴近，他们也会愿意敞开自己，这就是观察的价值。

同样爸爸妈妈经常问到的，关于沉迷手机的问题，试着用这三个要点，自己观察一下看看，孩子跟手机的关系究竟发生了什么。

比如说，他们通常在什么情况下放不下手机？什么情况下就不太关注手机了？他们买手机的时候，对手机有什么要求？

比如说，他们手机里用得最多的软件是什么？你跟他们讨论手机的时候，他们会跟你讨论什么？他们的手机通常放在哪里？什么时候是抓在手里，什么时候是无所谓地放在那里？如果你跟他们借手机，他们通常会有什么反应？

比如说，他们跟谁沟通的时候会经常提到手机里的内容？他们跟谁会一起玩手机？他们从什么时候开始对手机特别着迷，那个时候发生了什么？

……

以上只是给了一点儿小提示，其余的自己发挥一下，你会发现，了解一个人是很好玩的。

说完了观察，我们来说说聆听。

聆听不是一件容易的事情，难就难在我们自己的中立程度和开放程度。在《成为学习型父母》第四章里有个区分，关于演绎，我们每个人都活在自己的演绎里，我们只能接收得到我们的演绎系统能识别的信息。而聆听，就是要听见背后的演绎。所以不能急于听结论，听观点，要听见资料。

聆听，是用"听"的方式来接收孩子的信息。千万不要以为聆听就是指听见他在说什么，我们要透过"听"的方式把他的整个人的状态接收进来，因为声音的信息是很丰富的，不只是语言的内容，还有情绪、语言习惯、背后的思维方式，等等。

我们要先听见人，再听见事儿。

首先要听见关系。比如孩子说妈妈我不想读书了，我不想去学校了。同样的一句话，孩子跟我们之间的关系是怎样，背后所携带的信息是不同的。他是撒娇耍赖地说，还是理所当然地说，还是小心翼翼地说，他跟我们之间的关系是近是远，意味着他说出这句话来的时候，背后的意图是不同的，可能是挑衅，可能是试探，也有可能是玩笑。

其次要听见他的态度。也就是他用了一个什么样的人格特质来跟我们沟通这个内容，是强硬的，还是柔软的，是开放的，还是封闭的。

再次是听见他的模式。模式的背后当然有他的局限性，比如说他认为作业没做完，回去一定会挨骂，所以不想去学校。或者，他最好的朋友转学了，学校里没有他喜欢的人了，他也就不喜欢去了。或者，他说不去学校，然后就等着妈妈问为什么，其实只是用这么一件事情引发一下妈妈的关注，好说出一些不知道怎么表达的话。

最后才是听见他的意图。意图就是他想要什么，他想干什么。有时候孩子自己也未必清楚，我们要有心，去听见他心里藏着的意图。也许他不想做功课，背后的意图，只是不喜欢被功课塞满时间，想要找到自己的节奏感。

把人听懂了，对于这个孩子整体的状态心里有数了，再去听他说的事情，就容易清晰了。

举个例子。在六一儿童节的时候，我录过一个抖音的视频，说六一儿童节我们怎样给孩子送礼物，然后我就收到了几篇功课，其中就有一份功课说，她有两个孩子，一个女儿，一个儿子。她问女儿说：六一儿童节你要什么样的礼物啊？女儿就对她说：我不要礼物。她就对女儿说，可是我想送你个礼物，妈妈很爱你，妈妈想用这些节日来建立我们生活中的仪式感。女儿说，我也不知道要什么样子的礼物。她问了好半天，女儿都说不知道。这个时候她就没办法了。

我说，你得听得到，当女儿说不知道的时候，她跟你之间的关系是怎样的？是亲近还是疏远，是带着防备以为你试探她，或者带着调皮就想试试你知不知道她喜欢什么，还是赌气你很久没有关心她？你有没有听见她的态度，她启动了哪一种人格特质？是一边说我不知道我也不想要，一边回避这个话题，那就意味着她其实有不安，还是她跟你说不知道，但是保持着开放的态度，愿意探讨，又或者，她会有一点儿不好意思，这就意味着孩子里面有一个信念：我索取礼物就代表我不懂事，所以她会用我不要礼物来代表我是个体谅父母的孩子。然后听见她说这些话的模式，她是说完了不知道，就在等着你回答，还是说完了不知道就结束了对话，还是说完了不知道，会向你提问呢？这些都听见了，你才能够明白孩子真正的意图。

这个妈妈就开始留意。首先孩子在关系上是亲近的，她是很体贴地说"我不知道"的，也很体贴地说"我不要礼物"的；其次，孩子的态度是体谅妈妈的，是亲近的，是示好的。而且她接下来说了一下弟弟要什么礼物，等到弟弟跑过来要礼物的时候，她会在旁边说，你看这个小朋友什么都想要。这个时候妈妈就开始明白了，对于这个姐姐而言，她会觉得我的弟弟处在什么都想要的年龄，如果我表现出我不要礼物，我就是懂事，我就是不给妈妈增加负担。让弟弟得到礼物，我没有礼物，这样妈妈就会比较好处理，妈妈给弟弟点儿什么他都会很容易满足。其实她就是用这种"我不知道要什么样的礼物"的方式在告诉妈妈，我是你的乖女儿，我懂得体谅你。所以这个孩子的对话有一个模式，她不直接表达自己的需要，而用表达别人的需要来衬托她背后其实想对妈妈做的是什么。

这样妈妈就听明白了女儿，很多时候她讲弟弟的需要，其实在对妈妈说，妈妈你看我跟弟弟不一样，我体谅你，我愿意为你着想。这是个借别人说自己的模式，而她背后有一个意图，是想对妈妈表达爱和体贴。但显然她有一个局限性，她会认为减少自己的需要，就是对于父母的体谅。这个妈妈也就意识到了在抚养两个孩子的过程里，她在姐姐身上的理所当然。这个就是当我们能够"听得见"的时候，就会慢慢看得很清楚了。

我们体验孩子的状态，是要了解他们究竟处在哪个情绪的区间。

情绪有四大走向：向上的，主动；向下的，主静；向外的，拓展，活跃；向内的，收敛，稳定。每一种情绪都有自己的功能，没有好坏对错。

情绪的驱动力有两个：爱的驱动力、恐惧的驱动力。

上而外的区间，爱驱动的情绪会有热情、兴奋，恐惧驱动的情绪会有愤怒、暴躁；上而内的区间，爱驱动的情绪会有笃定、沉着，恐惧驱动的情绪会有固执、批判；下而内的区间，爱驱动的情绪会有安静、专注，恐惧驱动的情绪会有焦虑、压抑；下而外的区间，爱驱动的情绪会有体贴、撒娇，恐惧驱动的情绪会有哀怨、不满。

当然不止这些，只是用一些代表性的情绪来举例。情绪没有好坏对错，各有各的功能。但是我们要能够带动情绪，而不是被情绪控制。我们要看懂情绪是哪个区间，才知道怎样带动情绪的流转。向上的情绪，就是我们通常所说的带有动力的情绪，而向下的情绪就是下沉安静的情绪，向内的情绪是焦点内收的情绪，向外的情绪就是扩张拓展的情绪。我们可以用四季的能量来形容这四种情绪走向：向外的走向，就好像春天的能量生发，一切都带着欣欣然的萌动，不是特别的稳定；向上的情绪就像是夏天的能量，充分而饱满的、热烈而有爆发力的；向内的情绪，就像是秋天的能量，收敛的、沉着的；向下的情绪，就像是冬天的能量，那些安静地藏在地面以下的温度。

所有人都会经历这四种情绪走向，但我们平时对于自己的情绪，其实了解得很笼统。比如说，我们以为愤怒、生气、伤心、不满是差不多的，其实它们的区别很大。愤怒，是上而外，有爆发力，一定要被释放出来；生气是上而内的，所以我们会说"生闷气"；伤心就要比生气更往下沉，是在下而内的区间，有些时候我们就会说，我也不是生他的气，我就是伤了心，伤心的时候我们是活在自己的世界里，是安静的；不满，是下而外的区间，我是要别人知道的，但是没有什么爆发力，总是隐隐发作，等人发现。

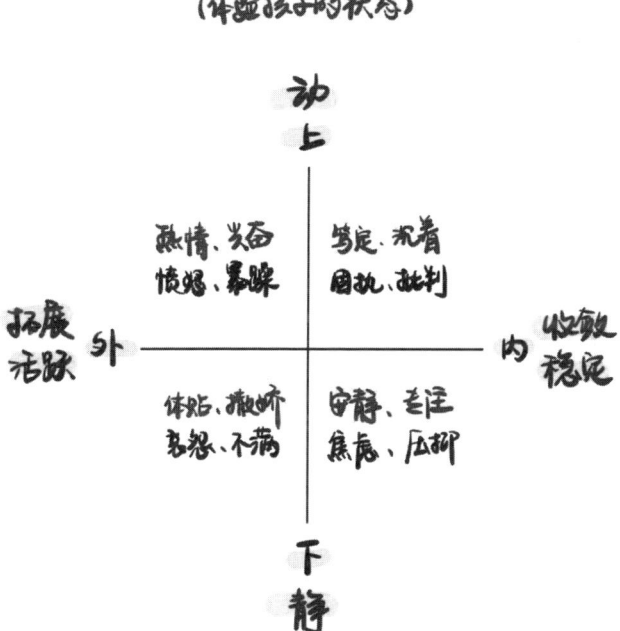

情绪的区间，也是一个流动着的春夏秋冬，这就是为什么我们内在的不满需要被引导到上而外，释放为"愤怒"，我们才能够转化它。同样，如果我们能够从对别人的"愤怒"里看见自己里面的"生气"，然后再体会"伤心"，愤怒就被转化掉了。

我们说体验孩子，是要看懂他们在哪个情绪区间，然后学会带他们流转情绪。

不要迷恋某一种情绪能量。比如说我们都想孩子"快乐"，快乐是上而外的区间，这个区间的能量是活跃而发散的，如果一个孩子始终处在高兴的状态里，那他就没有办法收敛自己的情绪能量，也没有办法下沉，进入到一个安静的专注的空间去做深度的思考。而"悲伤"的情绪，我们不喜欢，但是这种下而内的能量，是会帮助孩子专注和思考的。

所以情绪没有对错，每一种情绪都有它的力量，只是我们不能停在某种情绪里，也不要企图解决某种情绪，我们要有能力带着情绪去流动，不论是自己的还是孩子的。

如果我们今天带他一起出去玩儿，发现他很兴奋，焦点没有办法收回来，就是我们说心玩儿野了，他的情绪在"上而外"的区间。这个时候就要把他往"上而内"带动，我们可以找个安静的人少的空间，对他说，今天这么有意思，我们要不要做点儿什么把它记录下来？你今天有没有拍图片，我们来打印出来，整理一下，做个小礼物给自己好不好？这样就可以把他带回来了。

又或者，当他特别愤怒的时候，这个也不对，那个也不对，爸爸做的也不对，这也是"上而外"。我们要把他往内带，就可以对他说，爸爸做什么了让宝宝这么生气呢？说说，爸爸做什么了？宝宝怎么了？宝宝有什么感觉……我们得把他从向外的能量带到向内的区间。

当他处于"上而内"的区间，比如他自己一个人生闷气，我们就要把他往下带，找个机会让他哭出来去体验他的难受，体验他的悲伤。把他从"生气"带到他的"悲伤"，我们就能把他从较劲儿、固执，带回到内心的柔软，情绪的能量就能够流转了。往内、往下的区间，不能是一个热闹的、开放的、群体的背景，必须有一个独立的、相对封闭的、安全的空间。不然，悲伤会变成胡闹，因为环境不允许他往内走、往下沉。

如果我们发现他一直在悲伤里怎么办？那是"下而内"的区间，那就要想办法给他向外转，要制造机会，让他抱怨，让他诉说不满。当他从"伤心"来到"不满"的时候，就从这个区间里出来了。每流动一次，情绪的能量就会慢慢转化，就不会失控。这个时候，哪怕说一点过分的气话，都不必马上计较。

我们不怕孩子有任何一种情绪，只怕他在这个区间里不能流动。所以我们要去体验我们的孩子，比如说他这次考试考得不好，他到底在哪个区间？是在愤怒的区间还是在生气的区间？如果是愤怒"上而外"，他一定有一个外在的攻击的对象，他会觉得老师判卷不公平，或者说这道题出得就不对；如果是生气，是"上而内"，他的焦点其实是针对自己的，他会觉得我怎么复习了那么多，就这一部分没有准备到，他就会把自己关起来生气。但也许在这个过程里，他对于自己有了一些新的发现，他就有一点儿伤心，他会觉得自己做了那么多的努力，为什么会这么挫败？他发现了一些自己原来没有思考过的问题，他会进入到深度的思考，也会更伤心。而这个时候，我们不能顺势指责他，要他汲取教训，反而要让他发泄一下不满，才能让他不掉进悲伤和自我批判。有些时候父母会嫌弃孩子，自己没考好，还对别人有脾气。这个时候，要看懂他的情绪，帮助他流转，情绪平衡了再看他究竟是怎么想的。

我们区分了孩子的情绪位置，就知道怎么样去呼应了。

简单地说，情绪能量往上的时候，我们可以干预；往下的时候，我们要给出足够的允许。当他们向内收的时候，我们要贴近；向外扩的时候，我们要保持距离。

向上的情绪能量，是动能很强的能量，我们就可以干预，甚至碰撞；如果他们的情绪的能量是下沉的，我们要允许，要给空间。千万不要在他们很难受、很悲伤或者很

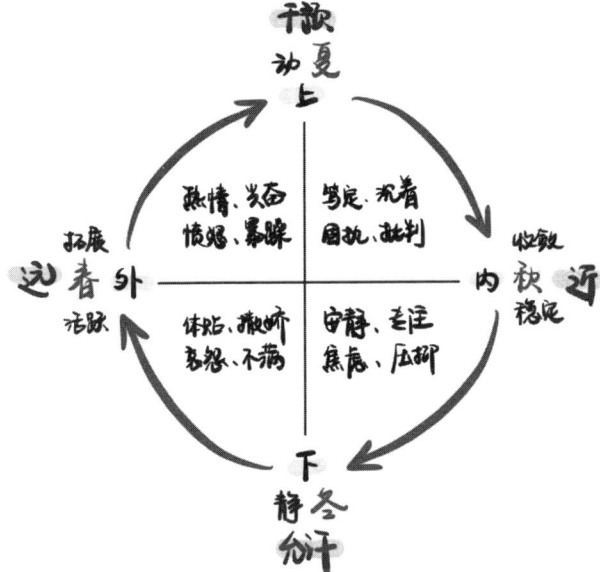

惊恐的时候，对他们说"come on，振作起来，多大点儿事！"当他们是往内的能量的时候，我们要"近"，不意味着要对他们做什么，但是态度上是体贴的、靠近的，让他们意识到我们在旁边，在关注，随时可以提供支持。而如果他们处在一个向外的能量，特别嘚瑟或者特别不满的，需要吸引关注的，我们就要"远"。远，不是忽略不见，不是不予置评，而是不用什么都作反应，让他们有空间充分体验和转化自己的情绪。这种调节，有点儿像唱歌时候用麦克风，要温柔细致就拉近一些，要激情洋溢就拉远些。这样想，是不是容易理解一些。

情绪是个大话题，在写这一部分的时候我其实删掉了很多，一本书的篇幅有限。但是这一部分，也是很容易找到体感的，我们只要试几次，就会有自己的智慧去判断，在跟孩子的关系里，进退有度。

当我们的信息输入足够有效，我们就能跟孩子建立非常好的连接感。这不意味着我们说什么他们都听，而是愿意跟我们合作，一起探索他的人生，经历他的成长。

连得上，并不是盲目地支持孩子，不是他们要做什么我们都得同意。当我们连接上孩子，拿到足够的资料，我们是需要用自己的章法来对资料进行梳理的。

我们要看，他们现在做的选择，是不是生长趋势，是不是生长时机，是不是三大中心平衡。

比如说，他想要自己掌控零用钱，或者开始对异性感兴趣，他想发展自己的社交关系甚至亲密关系，这些意向，在不在他的生长趋势上，这是不是未来人生里他必然要面对的课题？如果是，我们就支持他去学习。

光有趋势不够，还得看是不是生长时机，他有没有到这个时间点。如果孩子所表达出来的内容跟他现在的年龄、生长时机是非常不符的，那有一个可能性，他只是听来了一个想法，他随便把这个想法告诉我们，自己并不真的知道那意味着什么，就像三岁的小孩子说要跟喜欢的小女孩结婚。那我们就听他的态度，听他的模式，听他跟我们的关系，我们还是可以知道能做些什么。

我们跟他们学习任何一个课题的时候，都要找回三大中心的平衡。比如说，他们在本能中心要去找到自己的价值感，要去表达自己这个人的力量，我们就要把情绪中心的关系平衡进去，说明他们的价值对于别人有什么贡献，不要只是证明自己有价值。比如说，他想在某一科里面学习成绩比别人棒——好极了，那你这个结果对于你的同学，对于你的团队有什么样的贡献，你怎么样可以把自己的价值分享出来？又或者，他找到了一个他喜欢的人，我们可以支持这个关系，但是要把理智中心平衡进去——你现在经历的这段关系对于你的未来有什么样的意义，你想透过这个关系，未来活成一个怎样的自己呢？感觉好的关系，不一定有生长性，用理智拎住情绪的感觉、感受，他就能在关系里学着对自己的未来负责任。又或者他在发展一个理智中心的课题，他可能跟你申请一点儿经费去研究一下某一个课题，他想要买一些材料自己做一些实验，这时候要把本能中心平衡进去，这些研究的现实意义——不是说实验的结果，而是这个研究的过程，可以帮到他的现实价值是什么。

我的女儿曾经有一段时间跟她的朋友一起，要做一个自己的设计工作室。这个工作室是专门设计给她们同龄的小朋友穿的衣服，简单的基本款，可是有自己的风格。她说，妈妈我可以做这件事情吗？我说，可以啊。那个时候，是她在本能之理智的阶段，发展现实感，这个练习其实刚刚好。两个小女孩很认真地对待这件事情，她们做了自己工作室的logo，还设计了品牌和标识，然后她们非常认真地开了招商会，把那个女孩的爸爸妈妈、我和我先生都叫到线上，给我们开了个视频会议，告诉我们她们要做什么品牌，要做什么衣服，打算怎么做，需要我们多少钱的投资。

我们当然会支持她们，因为这件事情符合她们的成长趋势，也恰逢时机。但是她们其实都只在设计规划上，我们就不能只在理智中心这一个点上支持她们，而是要把本能的能量带进去。

我就问她们说，我可以投资，但我需要有回报，我用什么样的方式可以获得回报？我要的回报并不是你们的衣服卖出去挣多少钱，而是我透过你们做这件事情，可以在你们身上去看到什么有价值的下一步？这件事情，对于你们的学习、你们的关系、你们对这个世界的了解，可以帮到的是什么，对于你们其他的伙伴们可以有什么贡献，我用什么结果可以看得到我的投资是有价值的呢？

这就是他们发展任何一个主题，我们都要有意识地建立一个平衡。理智中心的能量只管自己的想法，那我们就要提醒他们去算现实的账，他们就不会偏执在某一个中心的能量里，而能够均衡地发展。

当我们用自己的章法对孩子的资料作出梳理，自然就会发现其中可以支持到他们的是什么，这就是让孩子教会我们，可以为他们做点儿什么。

信息输出，是我们影响孩子的过程，但不是控制他们，而是用我们生命的魅力与他们共鸣。输出的通道其实很多，我们的态度、我们的行为（包括语言、对话）、我们的成果，都在向孩子传递我们要传递的信息。

我们的态度，就是我们怎样活自己的人生，调动出怎样的人格特质。如果我们想小朋友活出某一份特质，最好的办法，就是让他们在我们身上体验。在能力的层面，我们不必证明自己什么都行，但在态度的层面，我们可以调动任何一个特质。如果我们发现小朋友不知道怎样表达亲密感，那就调动我们的亲密感，让他们有体验；如果我们发现小朋友很难专注，而这是他的生长点，那我们可以调动自己的专注，让他们有体感，知道不是那么难。我们不必向孩子标榜，看，妈妈做得多好，爸爸做得多棒；我们是愿意基于他们的成长，活成一个这样的自己，才会真正有感染力。如果孩子从我们嘴里听到的话，和他们在我们身上的体验是契合的，他们才会生"信"。

我们的行为，包括我们怎么说，怎么做，这些是直接的输出。但是会不会有影响力，其实还是取决于我们的态度，对于孩子是不是有吸引力。具体怎么做，下一节我们就会讲到了。

我们的结果，也是一种很有效的输出。这里还是要区分一下，不是用我们的结果证明给孩子看，努力就有回报，好好学习就会有出息之类的，而是要让孩子在我们身上看到意向与结果之间的关系，看到我们创造结果的过程，其实是在创造自己。简单地说，让他们从我们身上看到，在内在世界调整自己，是能够影响到外在世界的成就的；对自己有办法，就能对成果有办法。这样他们就会愿意相信自己的生命力是一切的源头，愿意在自己身上找可能性，而不是寄希望于外在的条件。

怎样连得上，是一个很丰富、可以不断探索的话题，因为孩子各有各的属性，不同生长阶段也是各有各的特色，大家了解了基本的原理和章法，方法是无穷无尽的。

我们也还需要不断检视我们跟孩子之间的连接，是不是有多元的频点，是不是有足够的互动，是不是有高频的共鸣。

多元的频点——本能中心的连接频点要有，吃的、玩的、用的、各种生活所需，孩子从父母这里体验到本能的资源，感受到自己是被爱的。情绪中心的连接频点要有，艺术活动、社交活动、生活的仪式感、情感的表达与交流，孩子的情绪体可以被滋养，能感知生命的美好，这对于他们未来经历人生的挫折，还能有情绪调节的弹性，是很重要的。理智中心的连接频点也要有，探讨、争论、共同完成一些有意思的事情、专业分享，孩子可以跟父母做深度的交流，这段关系才能跟着孩子长大而越来越有意思。我们可以给自己做个盘点，看看我们跟孩子的连接，是不是各个中心均衡。不需要拉平均，每个家庭都有自己的特色，但是要看在结构上是不是都具备。有些父母跟孩子只有本能的连接频点，见面都是"冷吗""想吃点儿什么""考试怎么样"，孩子一发展情绪能量，就会懒得跟你说话。也有偏重情绪的频点"你今天高兴吗""怎么又不开心了""宝宝你爱不爱妈妈呀"，孩子一到发展理智的能量，会嫌父母幼稚。如果只看重理智的连接频点"这件事情你怎么想""跟我说说你的想法""我跟你讲，这种事情要这样做"，若没有其他两个频点的打底，这些话是冷漠而没有营养的，孩子只会在心里说"又来了！"

有了多元的连接频点，我们还得看看互动的频率是不是充分。比如说，情绪中心，社交活动，是太多了还是太少了；生活的仪式感，大家有没有在一些重要的日子里互相准备礼物，彼此表达欣赏和爱，一年会有多少次；比如说理智中心，是不是有一些家庭会议让彼此畅所欲言，还是非得过不去了才谈。每个频点是要靠真实的互动来"养活"的，只是"想起来就做一做"是不够的，我们得有意识地找到频率和节奏。

最后是共鸣的高度。我们在这一节一开始就有说到三大中心的高频低频，我们跟孩子在怎样的频率上共鸣。低频，是指向内在的恐惧和创伤记忆的；高频，是指向爱与富足，指向源头记忆的。有些时候我们跟孩子是低频共振，也会看起来很和谐。比如说，孩子要什么就给什么，也会情投意合，但这是本能中心的低频共振，是满足他们的占有欲，不能服务于成长的趋势。比如说，他讨厌哪个老师，你跟他一起讨厌，那太有共同语言了，但是这是情绪中心的低频，不会真正滋养到孩子。理智中心的低频共振，就是焦虑感了，大家一起觉得考试要来了，大事件啊，全家一起紧张备战，看起来同心协力，但其实把孩子的压力放得更大。低频共振，有时候看起来我们跟孩子的关系是没问题的，但这个孩子再去跟别人相处，就会有问题。我们对孩子的爱，是为了让他学会跟整个世界相处，如果我们对待孩子的方式，妨碍了他学会跟整个世界相处，而过度依赖与父母的关系，那一定有低频的共振。

怎样是高频的共振？就是支持他把每个中心本来的生命力释放出来。在本能中心，支持和挑战他去实现心里的理想，哪怕他们也会觉得难，但是心里想要，就是高频共振。在情绪中心，支持他负责任地处理关系，学会在自己身上作出调整，哪怕看起来这个过程不是那么迁就他们，但是跟生命的发展趋势一致，他们就会获得营养。或者在理智中心，愿意碰撞各自的想法，甚至激烈争论，哪怕争得面红耳赤，但孩子心里会体验到被信任和尊重，会觉得有意思。高频共振并不一定看起来比低频共振更美好，但是会令孩子对未来的自己有信心。

当我们可以连得上孩子，亲子关系就变成一场美妙的共鸣，我们会跟孩子彼此唱和，体验着生命之间奇妙的缘分。我们仍然会对彼此不满，仍然会时不时较着劲儿，但是这段关系有足够的弹性，能不断地从失衡里找到新的平衡。而且，当我们用心跟孩子连接上，孩子在自己其他的人际关系中的连接感也会成长得很好，因为，我们是孩子的三大核心关系之首，这段关系会影响着他在其他关系里的体验。我们怎样对他，他也有机会怎样对自己，怎样对别人，这个共鸣圈，可以不断放大。

为孩子提供养分，也是为我们自己接收养分。要想带得动孩子，我们自己的人生一定要活得有魅力。

第五章

"带得动"生命力，玩赢成长

194

站得稳、连得上，不是为了关系的和谐与温情，而是从孩子那里拿到允许权，能够带动孩子玩赢他们的人生。

这里说的"带得动"，不是拽着走，不是要他们乖乖听话，不是我们给出指令，然后他们去执行我们的要求，而恰恰是，让他们听懂自己内在的声音，让他们听懂生命内在的意图，让他们学会听自己的话——听他们内心真正的渴望，那是来自他们内在生命目的的指令。当他们可以听懂自己内在的声音，他们就知道怎样负责任和创造性地为自己去做选择。

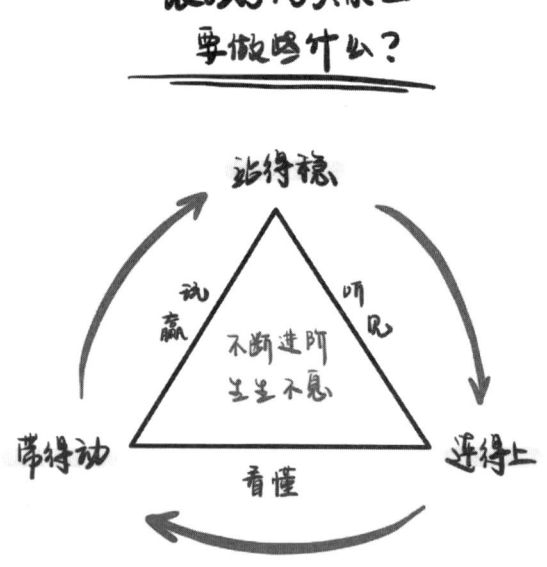

当我们站稳了自己，就不会执着在自己的演绎里，我们就"听得见"孩子，那只是指听孩子说话，而是在对话里完整地体验孩子，接收他们各个层次的信息，这些资料会帮助我们跟孩子"连得上"。当我们连接上了，才能看懂孩子，看懂他们的意向，看懂他们的情绪状态，看懂他们的思维方式。

看懂孩子，前提是读得懂孩子的状态

当我们看懂了孩子，就不会纠缠在事情里，整天焦虑于手机怎么办，考试怎么办。我们会把焦点转移到孩子本身，在类似的事情里，看懂孩子独特的状态。同一件事情，不同孩子有不同的卡点，哪怕对于同一个孩子，同样的问题里，每次也都有不同的生长点。所以要"焦点在人"，而不是"焦点在事"。

如果我们带着孩子去看大夫，我们不是治"病"，不是解决症状，而是要了解孩子的身体发生了什么，是要帮助身体重建平衡。焦点在"病"的，处理掉症状就安心，从而把问题从一种症状转移成另一种症状，不停地重蹈覆辙。只有把焦点放回人的本身，才能用好疾病和症状，来重建跟身体的关系，在症状里找到身体的失衡，重建新的平衡，这也是一次有意识的生长。这不意味着以后就不再生病了，而是身体意识的不断重建，能够越来越有效地应对各种失衡。健康，不是指不生病，而是在生病的时候，有自我疗愈的意识和能力。心智成长，也是一样。

看大夫的时候，我们要考虑哪些问题？

要考虑孩子的基础体质，要考虑时令季节，要考虑孩子的症状和表现。这样才能够完整地帮助孩子了解他的身体，知道怎样在当下的症状里，做出有效的"生长性"的选择。心智成长，也是一样。不论孩子出现什么样的"症状"，我们要开得出"方子"，得了解孩子的基本属性，孩子的生长阶段，孩子当下的课题。

孩子的基本属性，还是以"三"为基本数理，可以分成三类，再往下九类，再往下二十七类……所以我们把"三"先领会了，是基础。人可以按三大中心，分为本能中心主型、情绪中心主型和理智中心主型。不论是哪种中心主型，内在都是三大中心的完整结构，只不过哪个中心是"主驱动轮"。

如果是本能中心主型的孩子，他们的焦点就会在满足感、力量感、现实感，就会在结果里找满足，很愿意花力气，但不太愿意深度思考，够用就行，眼前没用的事情一概不想。

如果是情绪中心主型的孩子，他们的焦点就会放在感觉感受，关系和情感，还有形象和美感，他们会愿意与人交往，在关系里找重要性，也很善解人意，但是容易有夸张的情绪和形象。

如果是理智中心主型的孩子，他们的焦点就会放在独立空间和边界感，思想的交流与探讨，专业研究的高级感，他们有时会显得孤傲，对关系和情感下意识保持距离，社交圈小，但很愿意深度思考。

各个中心又会再分出下一级目录的本能、情绪、理智。

也就是可以分出九个系列：

本能之本能、本能之情绪、本能之理智。情绪之本能、情绪之情绪、情绪之理智。理智之本能、理智之情绪、理智之理智。

不论是哪种基本属性的孩子，他们内在都仍然是三种生命力都有的，只是他们的"发力"的结构不一样。

本能中心属性的孩子，要"行动"起来，才能启动另外两个中心。所以他们是先做再思考，是边做边思考。你要让他们想好了再说、想好了再动，他们就没有想法。因为本能不动，其余也不动。所以本能中心属性的孩子行动力很强，也很在乎结果，会争强好胜（其他两个中心的孩子也会好强，但是本能的更直接），相应地对情绪的敏感度会弱一点，也不太愿意深度思考。

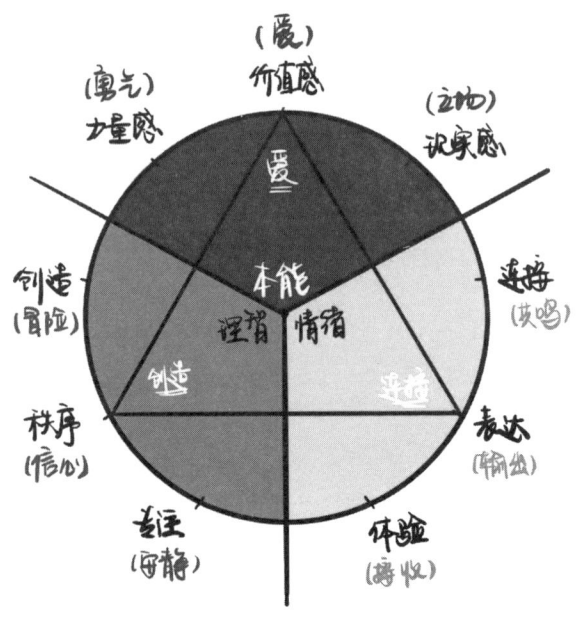

本能之本能的孩子，会看起来性情温和，按部就班，但也带着一些钝感，什么都会做，做什么都懒懒的，似乎没什么激情，而且不喜欢变化。但是心地仁厚，不惹是生非；但不喜欢分离和冲突，所以容易"和稀泥"，显得不是特别有主张和立场；但其实，只是不愿意强硬地表达。本能之情绪的孩子，会强调力量感，是本能的孩子里情绪能量最强的，会"来事儿"，也会有很强的干预性。占有欲很强，也爱管闲事，愿意为朋友出力，但是也容易有报复心；爱找优越感，喜欢比较，很吃激将法。一旦发力，爆发力很强，胆子也很大；但是对失误和挫败，很难承认，会把自己的问题丢给别人。本能之理智的孩子，是本能的孩子里最安静、最有秩序的，相对于前两者，有点小"自私"，但也仍然带着本能中心特有的实在。每件事情要按自己的想法，实实在在地完成，才觉得踏实。不张扬，但是喜欢挑剔别人，有种不好相处的劲儿；但走近了，其实并没有敌意。

情绪中心的孩子，要"感觉好"才愿意启动行动和思考，这有时会让父母们觉得太矫情。因为本能中心的孩子，哪怕有情绪，该做的事情还是会做；理智中心的孩子，只要能听他说完他的道理，尊重他的想法，情绪就能过去。但情绪中心的孩子，只要心情不好，就可以什么都不管。然而情绪中心的孩子，也最愿意在关系里做点什么，最愿意体验别人的情绪，愿意感受别人的痛苦。所以对情绪中心的孩子，分享自己的真实体验甚至痛点，要比扮演正确而强硬的权威有效。

情绪之本能的孩子，表现欲、表达欲都很强，爱结交朋友，以此获得成就感。在乎自己的形象，总觉得有人看着自己似的；也热衷于表演性的、社交类的活动，热情而开放，但不容易聚焦，经常三分钟热度。他们的学习热情，也会跟展示自己的机会有关。情绪之情绪的孩子，最喜欢"陪伴"，对关系的需要是情感交流而不是社交的热闹。他们很愿意在关系里为别人做点什么，通常是一群朋友中那个协调关系、左右劝说的贴心小伙伴。他们在关系里有冲突的时候很忍让，等关系好的时候却是容易诉苦受害的那一个。他们的动力，跟关系和情感直接相关。情绪之理智的孩子，有时显得非常理智，总在自己琢磨和思考，但内在比理智中心的孩子柔软。这类小朋友是不太好拿捏的，他们可能不较劲儿，但也不听话，如果环境里有压力，他们就躲进自己内在的世界。他们喜欢强调自己跟别人不一样，被拿来作比较就会很受伤；他们也是较劲儿和狡辩的高手，让你无从下手。但若不逼迫，他们也会自己乖乖的，这是特别需要"默契"和轻拿轻放的类型。他们通常有非常好的艺术感觉，有独特的审美。

理智中心的孩子，某种程度上是成熟得最晚的，因为他们的现实感和行动力都会发展得比较晚。他们对知识、思想、秩序、规则、创造这些认知的游戏感兴趣，对现实生活和人类情感，总有点儿摸不着头脑，直到14岁以后。他们会热衷平等的交流，思想的交锋，他们不觉得谁是大人谁是小孩，用权威和现实压力跟他们对话，通常只能换来他们的封闭和我行我素。但是如果可以激活他们的理智中心，让他们表达完想法，他们就会通情达理。如果他们的想法不被尊重和接受，他们就会觉得做什么都没有意义。

理智之本能的孩子，是理智中心里最稳定也最有行动力的，但是会带着很生硬的讲道理的能量，认为情绪是无理而混乱的，所以也会不太愿意体验别人的情绪与感受，容易显得不近人情。但是他们很强调做事情靠谱，责任心很重，只是不好合作。理智之情绪的孩子，是头脑灵活内心丰富的，喜欢天马行空、不切实际，对一切新鲜的创造感兴趣，什么都想尝试；所以也容易浮躁散漫，很难沉下心来做好一件事情。特别抗拒重复的训练，认为是无用和低效的。强调思想的魅力，喜欢小众的有先锋意识的艺术，渴望着探索外面的世界。理智之理智的孩子，是最安静、专注，也最容易封闭和隔绝的。有些这个类型的男孩子，会显得文气、娇弱，其实只是安静而已。他们很强调边界感，不喜欢把自己的书借给别人，不喜欢自己没有完成的作品被看见，他们对抗的方式就是完全地回撤，不说话，不沟通，也不惹麻烦。他们愿意在一个主题上深入下去，喜欢知道一些别人不知道的知识，通常在学习上没有太大困难，但容易偏科。

当然，每种类型要再细分，还可以再细致下去。每个孩子都是独一无二的，但他们仍然有着共同的规律，有章可循；我们要慢慢读懂孩子的属性，才能找到他们内在动力结构，才能帮他们用好自己。这也是为什么，教育的方法不能随便借鉴，因为孩子是不会重复的；但可以互相学习，因为他们也无非都是三种生命力的平衡。

三大中心是个独立课题，一本书也说不完。这里我们只是提炼一下要点，但是不用担心我们对于孩子的某些属性区分不到，这本来就是一个慢慢清晰的过程。我在《成为学习型父母》那本书里，把各个中心的属性都详细说过了，但只是放在时间线索里说了，把这些内容放在空间结构里，也一样能代表不同中心的行为表现、情绪表现和思维表现。

当我们了解孩子的基本属性，就会接受，每一种主型的孩子都有他们的独特性，也有他们的局限性。我们就能在接受他们的独特性的基础上，帮助他们拉伸局限性，就不盲目地、单一标准地拿他们跟别的孩子作比较了。

我女儿的一个同学，学乐器，学得非常好。他妈妈有时会很担心他，因为他一练习就很使力气，有时候一坐下来七八个小时都不抬头。他妈妈会对我说，你看你女儿，多灵活，会做这个会做那个，多好。我女儿是一个理智中心的孩子，而且是理智之情绪的中心，所以她就会想法比较多元，很有创造力，但同时也比较散漫。而她的这个同学是个本能中心的孩子，就是找到一件事情就扎下去，做到想要的结果为止，很扎实，但有时就不太灵活。

再比如说，本能中心的孩子比较胆大，什么都敢尝试；理智中心的孩子比较胆小，因为想得太多；情绪中心的孩子会娇气，明明可以做的也要矫情一下，鼓励鼓励就可以了。所以本能中心的孩子，很吃激将法；而理智中心的孩子，越鼓励他们越烦你；情绪中心的孩子，愿意、不愿意都随时能变，取决于关系和心情。

还可以看到，本能中心的孩子很愿意帮助别人，看到别人有需要就会主动过去；而理智中心的孩子就不会太愿意帮助，因为强调边界，除非别人主动，否则绝不多管闲事；情绪中心的孩子，他只要找到喜欢的人，就愿意一起去做一些事情，而没有喜欢的人他就不愿意去，但是理智中心的孩子就会更愿意自己独立地去做。所以识别不同中心不同属性，我们就会知道，不是我们的孩子人际关系不好，他就是理智中心的属性；不是我们的孩子太依赖关系，他就是情绪中心的属性；也不是我们的孩子太多管闲事，他就是本能中心的属性。

对于本能中心的孩子，我们不要嫌弃他们只在一个点上花力气，有时候会花"死力气"，不变通，他们就是这样，很实在；对于情绪中心的孩子，我们也不要嫌弃他们感觉感受、伤春悲秋，或者有点儿过于注重形象和做作，他们就是这样的小矫情，但是也会很贴心。对于理智中心的孩子，我们也不要嫌弃他们自以为是、自我中心，嫌弃他们在关系里的抽离，他们就是这么需要一个自己的空间和世界。

了解了孩子的属性，还得参照他们目前的发展阶段。

关于发展阶段，也还是请大家去看一下《成为学习型父母》第五章。不论是哪个属性的孩子，去到特定的阶段就有特定的课题，只是表现形式有区别，大的节点都是要经过的。在本能的阶段他们就是会发展占有欲，就是会证明自己的力量。到了情绪的阶段，他们就是会发展关系，会很在乎别人对他的看法，就是想在外在形象上找到某种认同感。到了理智中心，都会容易隔绝情感，显得有些冷漠，不考虑别人的感受。所以同一个发展阶段的孩子，就会有共同的发展趋势。这也是为什么，看孩子的属性有些时候不太准，因为理智中心的孩子在情绪阶段也会很情绪，情绪中心的孩子在本能阶段也会很本能。所以过了7岁，如果这个孩子的典型特征还是本能中心特征，那基本能确认他是本能中心主型。但是如果孩子在7~14岁表现出很情绪中心的特征，我们不能确认他就是情绪中心主型，也极有可能是理智中心的孩子在发展情绪中心特征，得等14岁过去，就会更清晰。当然，也有一些孩子，很小的时候，理智中心特征就非常明显，一样米养百样人，没法儿一概而论，我们得打开自己的体验去感知他们。

基本属性和发展阶段都清楚了，就可以看看他当下遇到的课题究竟是什么了。

每一个发展阶段，都仍然有不同的课题在发生，只是都在这个阶段的背景下发生。区分他们遇到的课题，也还是可以用上三大中心的原理。比如说他们的学习出现了卡点，有可能是本能中心的课题：价值感出了问题，觉得学的东西没用，不上心；也可能是力量感出了问题，被别人比下去了，没有了斗志，放弃了；也有可能是现实感出了问题，自己没有理顺，越学越乱。有可能是情绪中心的课题：原来学得不错，一受挫，形象上被打击了，索性用放弃学习来合理化；或者关系上，对老师有抗拒，跟父母较劲儿，甚至跟小伙伴的关系有困扰；也可能是体验上受阻了，因为没有空间做自己喜欢的事情，就会觉得学习是种逼迫，觉得没意义。也可能是理智中心的课题：思维方式受限，转不过弯儿来，也不知道怎样寻求支持；或者是学习量一大，时间的压力带来焦虑感，自己调节不了；或者新的知识引发了畏难；或者进入了认知的死胡同，自己掉不了头……各种可能，但万变不离其宗，这些课题来来去去也不会跳出三大类：意向、关系、创造力。这就是疏通了原理的好处，我们就有了基本章法，去解读所有的现象。不一定能立马找到结论，但知道怎样有线索地寻找。

我前面举过一个孩子作弊的例子，其实这样的故事我们听过很多，但不同属性、不同发展阶段的孩子，在作弊这件事情里的卡点，是不一样的。

如果是本能中心的孩子，他极有可能就是要这个成绩，他觉得有了结果，这事儿就过去了。你会发现他想得很简单，甚至不觉得这是个事儿。情绪中心的孩子，就很可能焦点在关系里，想证明给谁看，或者比赢谁，或者别人可以做的我也可以。当你跟他谈这件事情的时候，他会下意识地说，那谁谁还不是一样吗。理智中心的孩子，就极有可能是因为他只是在某一个点上卡住了，而他不知道怎么样去寻求支持。不过在作弊这件事情里，通常理智中心的孩子会少一点，理智中心的人容易傲慢，如果他这样做，会嫌弃自己。而且理智中心的情绪弹性比较弱，他们自己就会太紧张，很容易都做准备了，最后也没敢用上。

不同属性的孩子作弊，我们的处理方式是需要不一样的。对于本能中心的孩子，或者在本能阶段的，是可以单刀直入，找到问题，重建他的自我价值确认。对于情绪中心的孩子，或者在发展情绪阶段的，我们就要从关系里让他先体验到安全，体验到信任和体谅，他自己就会知道要怎么处理。否则，直接谈事情，情绪中心的孩子是很懂得怎样配合的，但心里对关系就会更不信任。理智中心或者处于理智中心阶段的孩子，要默契，不要揪住作弊的行为不放，更不要扯上道德标准，而是跟他一起面对认知的卡点，然后不用谈以后作不作弊这个问题；因为理智需要空间，喜欢在别人看不见的地方，自己搞定自己。

还记得我前面说过的那个摔手机的孩子吧，如果考虑到他在情绪之理智的发展阶段，再看当时的资料，就知道他的课题，完全不是与手机的关系，而是对时间的焦虑，还有对家长的情绪的抗拒。我们只有看得懂孩子当下的课题，才能跟他们一起找到"生长点"，用符合他们的属性和生长阶段的态度来帮助他们完成这个成长。

这里有一个区分，我们总以为发现了问题，就能解决问题。其实它俩之间不是一个直线的关系，而是发现问题—心智成长—解决问题，一个小"U"形。

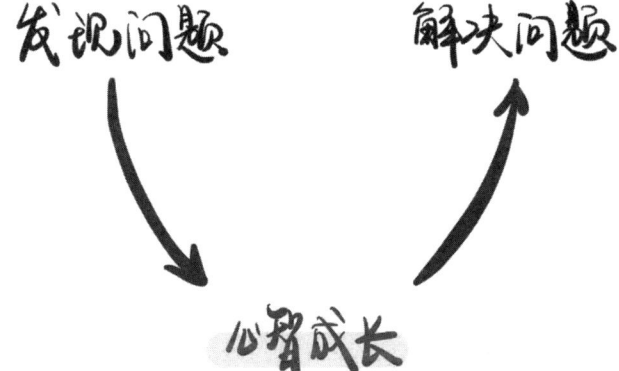

当我们看懂了一个问题，并不一定能解决它，因为这个问题之所以出现，就是因为孩子的心智状态只能做出这样的选择，你再怎么样教给他更有效的做法，他也可能有心无力，因为他当下的心智状态，不能够驾驭一个升级的选择。

打个比方说，我们去跑马拉松，跑着跑着发现成绩上不去了，然后我们去找问题，教练说我的核心力量不够，或者腿部力量不够。看懂问题了，不是接着跑步就可以解决问题的。那就要离开"马拉松"这件事情，也许要做一些重量训练，也许要做一些肌肉的恢复训练，也许要训练核心收紧，总之，是要找到我们自己内在的"生长点"，把这个单项训练完成了，再回去跑步，结果自然就突飞猛进。

同理，如果我们看到孩子在某一件事情里处理得不够有效，让他不停地做，是没有用的。

有个爸爸说他的孩子（本能之理智的发展阶段）学习无法专注，听课听不进去，甚至认为孩子是不是有学习障碍。他就带着孩子做各种专注力的训练，想让他能专心听课。有个很偶然的机会，我就观察了一下孩子，发现他对声音非常敏感，只要别人说话大声一点儿，他都会不太舒服，然后就关闭聆听。我猜，他的学习有可能是遇到了类似的问题。然后我就跟这位爸爸说了孩子的状态，这位爸爸当时是没有反应过来的，但是过了几天，他给我发信息说，其实他自己也是这样的，因为他自己的父亲脾气就很急躁，一旦开口骂人，就无理可讲，所以他小的时候只有关闭，表现乖顺，才免得有很大的麻烦。孩子在妈妈肚子里的时候，家里发生过一些很大的冲突，所以孩子生出来以后他们就单独住了，他以为是对孩子没有影响的。但是我说完以后，他观察了一下，的确是在安静、柔和的声音环境里，孩子的聆听和思维都非常好；但是一有声音干扰，或者情绪化的声音一出现，他会立马关闭自己。

所以，看起来孩子是专注力的问题，但其实，是孩子的理智状态不够驾驭环境的影响，在某种情绪能量里失衡了，就不能发放自己的专注力。如果只是盯着专注力去解决问题，反而会带给孩子更大的负担。爸爸要做的，是跟孩子一起，一点点习惯不同的情绪能量，在安全的关系里听见带着情绪说话也可以没有攻击性，让他慢慢熟悉不同人的表达形式。当这个孩子能够分得清，有情绪不等于有冲突，他的专注力的训练，才会真正有效。

内在心智系统的生长点被看见，能够有意识地成长，再去解决现实问题，才能有心有力。

懂得原理，才能"有效干预"

做好了这些准备，我们才来看，怎样可以带得动小朋友，玩出他们生命力的精彩。

在站得稳、连得上的基础上，我们要学会做"有效干预"，支持孩子在现实人生的难题里，实现自己内在的成长，心智系统的成熟。

先看懂每个人在怎样做选择，因为有效干预，就是要干预他们的"选择"，但不干预他们的"选择权"。这是有挑战的，我们经常以剥夺孩子的选择权的方式来影响他们的选择，这样做简单直接，但很显然，不能滋养他们的成长。

选择，是无形的意图，加上有形的形式，是我们的内在主张和外在环境条件之间的一次合作。

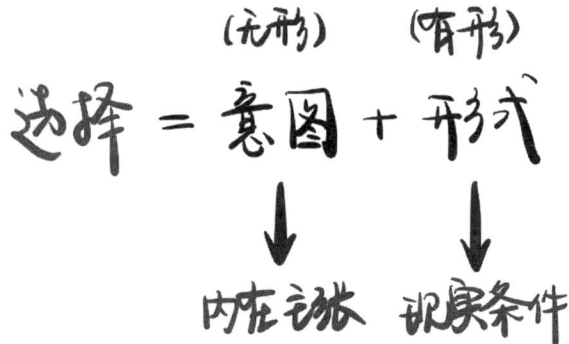

内在意图和外在的现实条件合作得好，成果就会好，合作不好，怎么努力，也是白费力气。简单举个例子，我们在生活中要与人建立联系，要向别人去表达爱，表达尊重，表达信任，这些都是无形的意图；我们会选择一些形式，会送一束花，会买一个他喜欢的礼物，或者组织一次有趣的活动，这些形式都是我们在现实条件里能够找到材料去实现的。选择什么形式都要服务于我们内在意图的实现，如果我们的"礼物"充分表达了"爱"，这就是一个有效的选择。

在"意图"这个层面，孩子们对于生命的兴趣和渴望，那些主题其实跟我们都是一样的——或者说，所有的生命都是一样的，所以彼此才能共鸣——他们也要表达爱，他们也要表达连接，要表达独立主张、创造力，等等。但是因为他们比我们晚来了几十年，的确没什么人生经验，他们难免会选择非常幼稚的形式。比如说，揪同学小辫儿，其实想表达"我想跟你玩"。挑剔讽刺，甚至故意挖苦父母，其实想表达"我很关注你们"。所谓幼稚，无非是他们的人生经验配不上他们的生命热情。我们很容易把焦点放在有形的"形式"上，因为容易看见，而小朋友的焦点却是他们的"意图"，于是，父母觉得他们的行为不成熟，要纠正他们的行为，孩子们却觉得，自己的意图很重要，却没有被身边的大人们足够的尊重。这就是分歧的点。

比如说，小朋友在本能之情绪的阶段，好喜欢帮忙做家务，但一定是会帮倒忙。孩子的意图是想参与，想表达自己对父母的爱，但父母通常看到的，是胡闹，是瞎掺和净添乱。又或者，他们会把自己很喜欢吃的菜夹给长辈，可是长辈们会推托说"不用，你自己吃"。我们在"形式"的层面跟孩子做了交流，用了关爱的方式，但并没有尊重他们的"意图"。又或者，在他们发展理智中心的过程中，有可能会用我们不太容易理解的方式来表达他们的独立与自尊，坚决不允许别人触碰边界，不可以看他们还没有完成的画稿，甚至会撕了它来宣示不可侵犯。我们会认为在形式上太过夸张，没有必要这样刻意地强调。但是我们得了解，对于他们而言，哪怕用夸张的、过分的形式，也要表达清楚内在的意图。

所以在我们跟孩子的关系里，一定要愿意读懂和尊重他们内在的意图，也支持他们搞清楚他们究竟想要什么，因为有时候他们也未必清楚自己要什么，只是被内在某种动力驱动着去做。所以我们的"有效干预"，是要在他们的意图里，找到更有效的形式。

有效干预＝读懂孩子的意图＋接纳他们的局限＋升级他们的形式

先看懂孩子到底要什么，想实现什么，然后去体谅，在他们的角度，在局限性的认知里做出的努力。接纳他们的局限性，不是合理化、任由他们去，而是从他们不太成熟的选择里看见"生长点"，透过我们的智慧，支持他们找到更有效的选择。

还是在例子里来看。一个朋友的儿子，处于本能之理智阶段向情绪之本能阶段发展。有一次她就跟我说，我的孩子偷东西了。本能中心阶段的男孩子，多多少少都玩过偷东西这个"游戏"的，并不是东西有多好，而是本能阶段的占有欲和男性能量的萌动，让这个"游戏"很有吸引力。这个孩子偷完了以后，自己知道不对，但也控制不住，就鼓足勇气跟妈妈说，我偷了东西。他偷的是他们家附近的一个小超市，他跟这个超市里面的阿姨也是熟悉的，他在那里拿了一些并不值钱的小东西。他拿了东西回去以后，心里是有负疚感的，可是下一次他又会莫名地觉得这件事情很过瘾。当他做了几次以后，心里对于自己很指责，但是他也不明白为什么自己会这么做，于是他就跟妈妈说了。好在这个妈妈，是个教练型的妈妈，她清楚地知道，用对错来评判孩子的行为只是一时痛快，没有办法帮助这个孩子完成内在的生长。虽然她跟我说，她听到的第一时间，其实心里也不痛快，但是她很快"站稳"了自己，她知道自己对这件事情越中立，孩子才能越开放。而且她也"连得上"孩子，体验到他之所以跟妈妈讨论这件事情，就是他意识到自己的失控，他也想从中有所学习。

把这件事情放在孩子的成长背景里看，其实是不难理解的。他是在本能之理智的发展阶段，本能的能量是关于占有欲，特别是小男孩在这个阶段，更热衷于去做一些有意思、有挑战的事情，会让他觉得自己具有了某种掌控力。而理智的能量，会让他们突发奇想，喜欢冒险刺激，想做点儿不同的事情。在这个既关于占有欲，又关于冒险精神的年龄，加上男性能量的驱动，他就做了这么一件看起来有点儿"危险"，又让他觉得很刺激的事情。我们当然可以说，幼稚！但是他们就是在这样刺激的行为里，才体验到自己的生命力。他拿回来的东西根本不重要，这个行为本身对他有吸引力，这就是我们要去看懂的，他背后的"意图"。

妈妈就跟他做了一个非常开放的交流，问他说，在那个过程里真正吸引到他的是什么，为什么觉得这么有意思。他就告诉妈妈，他留意这个超市里什么地方有摄像头，什么地方会被别人看见，什么位置是个死角。所以，其实他做了很多的思考，这个孩子的基本属性是个理智中心的孩子，他就会愿意琢磨这些事情，会觉得有乐趣。等他琢磨多了，他就想试验一下，如果我在这个位置拿一样东西，他们会不会发现。第一次拿完没有被发现，第二次拿完又没有被发现，他其实活在某种"探险"的感觉里，这种感觉会让他觉得自己特别有创造力，特别有想法，觉得自己发现了某个奥秘。这就是理智中心的能量在发展，这也是他在拉伸心智系统的现实感和创造力。我们如果只看回他们的内在意图：一个孩子在成长的过程里想找到自己的冒险精神，想发现自己有一些独特的想法是不是能成立，这个意图有问题吗？完全没有问题啊！然后我们再看，他的行为当然是很幼稚的，是不恰当的，是需要我们干预的。我们不认同这个行为，但我们仍然要尊重他内在想冒险的意图；如果我们因为批判这个行为而打压了他内在生长性的意图，可能在他后面的人生里他就不敢冒险，就不敢创造，不敢去做一些有突破性的选择，因为一做这些会有羞耻感，这显然不是我们想要的。

从意图出发，妈妈继续问他说，所以当你下一次再去小超市的时候，你看到阿姨你会怎么样？他说，会觉得有内疚，觉得不好意思，可是当他再去研究"偷东西"这件事情，一兴奋，就把不好意思给忘掉了。这就是我们要接纳的他们的"局限性"，在他这个年龄，还有很多自己掌控不到的情绪反应，本能的能量，就是只顾眼前，一旦有想法，一定要拿到结果才算完，一冲动、头脑一热他就做了。我们要接纳，他就是在一个不成熟的阶段，而且不同阶段有不同阶段的不成熟，成长不就是阶段性失衡吗。但是他愿意跟妈妈表达出来，并且求助，他其实已经能够识别到这件事情的是非了，毕竟他也已经发展了"现实感"了，他已经知道什么样的选择，是对别人有所尊重、对自己负责任的选择，他只是搞不定自己。不只是小朋友吧，每一个大人也都有搞不定自己的时候。我们能面对自己的局限性，也就能够感同身受孩子们搞不定自己的挣扎了。

然后怎么办？升级他们的玩法，带他们离开这个局限性，实现生长。这是最有意思的部分，把每个问题，变成一次成长的契机。而不是说一句"知道错了就好，下次不要再犯了"这种没有技术含量的标准话术，我称为家长式官僚用语，那样不会让孩子觉得跟我们分享是件有营养、有意思的事情。

我们要跟孩子一起回到意图，也就是你要体验自己的冒险、勇气、有想法，完全没有问题，可是如果你现在做完了以后，并没有让自己体验踏实和骄傲，那我们就换个玩法，继续去体验创造、勇气和冒险，让生命力去做它要做的事情。

首先，去有勇气地面对，这个过程其实也很刺激。面对不是认错，不是用指责自己来逃避被别人批判，而是真诚地分享给别人，我做了什么，我意识到自己发生了什么，我愿意承担的是什么。妈妈也思考了，愿意在这个过程里支持孩子的是什么，作为监护人，妈妈愿意为此承担的是什么。这是第一步，把面对，做成另一个冒险练习。反正未来人生里，也总会有做得不够好的时候，愿意面对是个基本功，那就学呗。

然后呢，继续升级！既然孩子想要体验力量感，想要体验冒险，那就在家庭关系里，在一个安全的背景下让他去充分体验他的想法，他的创造力。比如说，安排个家庭出游，然后把所有的路线安排、钱的规划，交给他去做，让他充分满足占有欲，然后学会负责任。当然他不会做一个很成熟的计划，但是可以看看他在这个过程里，有没有机会设计一些惊喜给我们，能不能创造出一些大人们意想不到的玩法，这样就把他内在的意图，关于力量、关于占有、关于冒险，用一个更合适的方式释放了出来。当然，还可以设计一些其他的挑战，比如说拿一些大家都想做的事情做一次小"对赌"，让他在"刺激"的感觉里做他爱做的事情，只要能满足内在的意图，让他在安全的背景下，玩过瘾!

当我们能够看懂孩子内在的意图，并且能够体谅他们的局限性，我们就有一个机会把一个"问题"变成好玩的"成长游戏"，让他可以充分地去实现内在的生长。本来嘛，"问题"就是成长受阻，当孩子找到了更有效的方式，可以体验自己的生命力，他自然就不会再去到那些幼稚的形式里去找刺激了。这也是为什么，有些时候我们觉得孩子的某些行为并不恰当，而我们越教育，他就会越抗拒，越持续，那是因为他内在的成长没有实现，没有找到更有效的形式，那原来的问题就"代谢"不了。"用成长代谢问题"，当我们带着孩子将他内在的意图实现，他自然就会升级自己了，那些问题也就自然过去了。

举多一个例子。我跟我的朋友一块儿带孩子出去吃饭，回家的路上堵车了，这个小朋友（本能之理智阶段）就开始着急了，因为他的上课时间到了，是他非常喜欢的线上课，可是他并没有把上课的电子设备带出来。妈妈在开车，小朋友就很烦躁，不停地踢妈妈的椅背，抱怨妈妈说，就是你，你没有把我的设备带出来，就是你，你忘记了我今天有课，你吃完了饭还这么晚走，都是因为你，都是因为你……越说越蛮不讲理。当然我们可以指责孩子说，你怎么这么不讲理啊，你自己为什么不记得带着？但这只会让他觉得更委屈，然后更对抗。

我们先看懂他的意图。他在不断地强调说，我都跟老师约好了，老师这一节课还要教我什么什么呢……我们能听到，他在这门课的学习里，体验到被老师欣赏，所以他也特别想让老师看到一个守承诺的认真学习的孩子。但是因为堵车，他觉得失约了，会让老师失望的，他就特别沮丧。所以其实，他只是想表达沮丧，可是他表达不出来。当他表达不出来沮丧的时候，他就把沮丧变成对别人的指责、批判。

我就跟这个妈妈说，你留意，你的儿子很想对自己的选择负责任，他做不到就很沮丧，可是他显然不会直接地表达沮丧，所以他很难受，他不停地踹妈妈的椅子，就是想让妈妈知道他难受，他想告诉妈妈说"有一件事情我好想做，我现在做不到，我很不开心"。我们看懂他的意图，留意到他的局限性——他不会表达沮丧，他把沮丧变成了指责，这是一种情绪化策略。他的情绪是沮丧，可是他的情绪化策略是指责别人，为什么会这样呢？意味着在他的家庭关系里，他身边的那些大人们也不太会直接表达沮丧，每当他们沮丧的时候，他们不会直接地说，而是把内收、下沉的沮丧的情绪，转成了一个外放的不满和指责，用埋怨别人来化解自己心里面的不愉快。

我就跟这个妈妈说，跟你的儿子一起做一个课题吧，也许你们自己就有一些挫败、沮丧没有释放出来，或者要掩盖自己内心的沮丧，似乎沮丧代表软弱，而指责代表"我"有道理。我们要跟孩子一起成长，要升级这个玩法，我们得让孩子在我们身上看见，表达沮丧也是很重要的，也是我们情感流动的一部分。让他看见沮丧不代表这个人软弱无能，而是我们想对自己负责任，可是生命总会有一些变故。当我们允许自己沮丧的时候，其实是对自己的接纳和安慰，然后才能够真实地去寻求支持，找到新的选择。

如果小朋友学会了怎样有意识地表达沮丧，他自然而然就代谢掉那个"蛮不讲理"的问题了，他就不会向那些无辜的人发泄愤怒了。

这里刚好有一个区分：什么是真正的成长，什么只是我们变得世故。

成长，是内在意图，越来越贴近生命的本意，而外在形式，越来越尊重现实的规律，在局限的条件里，创造性地实现内在目的。

世故，是内在意图，越来越模糊，而外在的策略，越来越熟练，认同了自己的局限，以为是性格，攒齐了应付生存的套路，以为是成熟。

世故，是能够帮助我们熟练地应付一些生存问题的，但没有生长性，因为生长，是一件多么不稳定的事情啊，世故要的是"熟练地活着"。当我们越来越世故的时候，心里会有一种空洞感，会觉得人生的游戏不过如此，既不甘心，也没有勇气打破。可以抖一抖小聪明找到点儿成就感，但那不是生命本身的满足。生命的满足，必须建基于持续的"生长"，因为这就是生命来到这个世界的目的。这也是为什么同样一件事情，第一次做到的时候好兴奋，慢慢做熟练了，就没有那么强烈的感觉了。生命力的走向就是成长，我们只有呼应内在真正的成长，才会体验到自己的生命是有力量的。所以生命，是一件无法"熟练"的事情，永远会有新的课题出现，谁也不要指望着成为人生的"熟练工"，谁还不是个宝宝，不如跟孩子一起，保持好奇，保持生长！

想带得动孩子，父母要学会做的三件事

想带得动孩子，保持生长，我们要学会做这三件事情：支持型对话，思考的章法，多元的养分。

先说支持型对话。

也有很多的课程和亲子类的书，会提到亲子沟通。不

要把沟通等同于说话，那样我们就会在语言的内容和技巧上下功夫，而孩子，是看得懂这些技巧的，因为技巧总是带着某种刻意和生硬。如果我们找不到打开他们的内心的钥匙，在门外各种表演，感动了自己，却带不动他们，也是很尴尬的。

支持型对话是相对于引导型对话，支持型对话是孩子本位的，引导型对话是家长本位的。

所谓引导，是因为我们内在已经有标准，已经有答案，已经有我们认为他们做到什么样是对。当然我们可以有自己的判断，但如果这些判断令我们处于一个相对封闭的状态，我们就会无意识地使用家长的权威，用各种策略——强硬的或者温情的——把孩子驱赶进我们设定好的轨道。这样的对话，不论内容是否有道理，都有可能打压孩子的自发性，他们会收窄自己，生命力就不启动了。他们就会觉得，反正你已经有答案了，你说要怎样就怎样吧。这样就会打压孩子的本能中心，他们会活在那种弱势的无奈感里，反正最后都是你们说了算，做什么也没用。也会很难启动他们的情绪中心，因为没有自主发挥的空间。最后就不愿意启动他的理智中心，因为没什么可创造的，范围都已经被父母划定了。

所以，支持型对话是为了什么？是为了帮助他们去启动内在的生命力中心，帮助他们去启动对于自己的认知和了解，听懂自己心里的声音。

支持型对话有几个特征。

第一个，多提问，少结论。

要成为教练型父母，我们一定要学会问问题。有效的沟通是，我们给出一个问题，引发他对此作出思考，获得对于自己的发现和了解。

我们得留意什么是真的问题，什么是假的问题。假的问题是，我们已经有结论了，只是加了一个问号要孩子来回答。比如说，你跟弟弟抢玩具对吗？这次期末考试你觉得自己尽力了吗？你如果学习不好，将来打算怎么办？这些都是假的问题，因为在这些问题里，我们根本就没有要跟孩子探讨的部分，也没有要引发他们思考，我们只是加一个问号，显得最后的答案不是我说的，是你自己说的。这是一种策略，在这种策略里，孩子已经知道答案并没有太多选择，所以如果他们要表达，就必须要反抗。

我们要会问真正的问题，也就是那些他们自己也想知道，但是被他们忽略了的内容。在这些点上，我们通过问题可以帮他们找到自己要打开思路的入口。好的问题，本身就是思维的智慧。

我们用两种方式来问有效的问题，一种叫作观点性问题，一种叫作资料性问题。观点性问题也叫开放式问题，孩子可以有各种方式去回答，没有标准答案；资料性问题也叫封闭式问题，一个问题对应着相关的资料，不是想怎么回答就怎么回答。两种问题在沟通里，各有各的功能：封闭式的问题，帮助我们拿到更多的资料，补全事件与信息，为后面的思考提供充分的素材；开放式的问题，可以听见孩子自己的想法，也可以作出更多观点上的探讨。

还是在例子里说。朋友的儿子，回家以后不做功课，然后被老师告状了。老师给妈妈发信息，打电话，说你的儿子不做功课。妈妈就问儿子，你为什么不做功课呢？孩子说，我觉得功课没有价值。妈妈说，你怎么知道这个功课是没有价值的呢？孩子说，因为功课里的内容我全部都会了，没有必要做。

对话到这里，听起来都没有什么问题，但是留意下，这些都是开放式问题，是在问观点，这些问题可以让我们了解孩子的想法。但是如果继续这么聊下去，我们其实并不知道他是怎么得出这个结论的，而且孩子自己也未必知道，可能只是个习惯性的想法。如果都在观点里聊，难免会"我不这么认为"，然后开始争拗，争不明白的时候就只能镇压。

这时候我们就要进入封闭式问题——拿资料。

妈妈就需要问他，老师布置了哪些功课呢？功课的内容有些什么呢？这些内容，分成几种类型的题啊？你是怎么评估的，才知道你全部都会的呢？老师布置的功课里，有哪些你曾经做过，哪些你没有做过？哪些题是有标准答案的，哪些题是没有标准答案的？你说你都会的是哪一类？哪一类的题重复做是有帮助，哪一类的题重复做是没有帮助的？有没有一些功课，你都会，你也很愿意做的？那是哪一科的功课，那一科跟这一科对于你来说，有什么不同……这些封闭式的问题，是没有观点指向的，但是是有思维章法的。当我们问这些问题，孩子就要去思考这些问题，在他思考的过程里，他就会发现他真正知道的是什么，不知道的是什么，他也会开始质疑之前自己做出的结论，留意自己在怎样思考。这些他们自己做出的发现，比起我们的说教，要更直接，也更入心。

有时候我们发现孩子只会回答开放式问题，而没有办法回答封闭式的问题，这其实是伪思考，哪怕道理再强硬，也并没有真正的思维章法。这就是我们可以带他们去做思维拓展的部分，但前提是，我们得有章法地问问题。

比如，他可能回来说，这个老师不喜欢我。

"因为什么你觉得这个老师不喜欢你呢？"

"他总是指责我，他不说别人，他只说我。"

这些都是开放式的问题，说着说着，就会发现都是同样的话来来回回，好像有想法，但又没道理。

那我们就可以问封闭式问题了。我们可以先问大一点，"今天跟老师之间发生了什么，让你有这个想法呢，说来听听呗"。这是一个封闭式的问题，帮助他展开资料。然后在资料里我们就能找到提问的点，比如说，老师今天说你的部分，之前有没有跟你说过呢？他第一次跟你说的时候，是当着所有人的面，还是跟你单独沟通？每次发生什么结果的时候，老师就会对你说这样的话吗？老师除了对你说这些话，还对你做了什么？老师说完你以后，对待你的态度和说你之前，有什么不同？老师说完这些以后，你留意到自己当时做了什么吗？你的这些反应对于老师的态度又有什么影响？老师说你的这些内容，在你们班上，还有谁同样发生过？老师除了直接说你，还有没有对别人讲这些问题？老师除了说你，有没有做其他的行为，影响你的学习和同学的关系……这些都是封闭式的问题。

当我们问封闭式的问题时，会帮助孩子从他的观点里面跳出来，重新回到资料里去看，然后发现他自己关注的焦点在哪里，有哪些被忽略的信息，思考不中立的是什么。就像这个案例里，他有机会开始意识到，老师也并不是只说我，只是今天只说了我而已。我们有机会问，老师跟你谈过的这个问题，有跟其他人谈过吗？他跟其他人谈这个问题和他跟你谈这个问题的时候有什么不同？老师对你做的这件事情他有没有对其他人做过？所以你留意到这个老师通常在什么情况下，就会有这样的情绪反应……我们就有机会透过这些封闭式的问题，帮孩子放下"这个老师针对我"这样狭隘的结论，他有机会自己在拓展资料的过程中，意识到这是老师在关注我，只是表达方式我不喜欢，但是老师用了这样的表达方式，也是因为之前的提醒我没有收到，所以才放大了老师的情绪，要当众强调一下让我记住。这样，他自己就会用新的思考解构了原来的决定，而拓展了对这件事情的认知。

开放式问题的价值，是帮助我们了解孩子内在的决定，他们是怎么认为的。我们不需要认同，但是需要了解。

比如说："当老师跟你沟通这件事情，告诉你在这件事情里面你还需要有提升的空间的时候，你有什么感觉？"

他可能会说："当时我就觉得他没有看到我的努力，他在否定我。"

"好极了，所以当老师说到哪一句话的时候，你觉得你被否定了？"

"当他说，'我还以为你起码会进前十名呢'，我就觉得被否定了。"

"当老师这样说的时候，你有什么感觉？"

"他对我很失望，他不会再相信我了。"

……

这些开放式问题，就能把孩子隐藏在结论背后的思考过程慢慢呈现出来。在这个对话里，我们就会听到，当老师表达"你没有满足到我的期待"，孩子就会觉得被否定，而老师极有可能是想表达一下鼓励，让孩子知道他其实本来是有实力的。而这个孩子，不是害怕失败，只是害怕不能够满足别人的期待，就不值得别人这么关注和在乎，就会把别人的关注变成压力。我们听懂了孩子的恐惧，就"连上"了，就可以"接收意图，允许局限，升级形式"，让他知道在关系里，除了"满足别人的期待"，还有很多选择可以去呼应别人的爱。

我们要用好封闭式问题和开放式问题的组合，用封闭式的问题打开资料，用开放式的问题带孩子去发现他们的"认为"，从而暴露潜在的模式，我们就可以带着小朋友找到他们自己内在的生长点。而且，他们会觉得，是自己发现的。这个感觉，会让他们对自己越来越有信心，越来越愿意观察和思考自己，而不是等别人给答案。在支持型对话里，我们的问题，只构成孩子思维的章法，不决定他们的观点和结论。

学会问问题，是支持型对话里的基本功，一开始会觉得不是那么容易；但所有的事情都是越想越难，只要去做，都能慢慢建立起意识。当我们学会问高质量的问题，小朋友就会开始做高质量的思考，而且没有观点争拗，只是一场合作的发现，不好吗？

第二个特征，多邀请，少要求。

邀请和要求的区别，就是有没有那个"应该"。

　　我们总会理所当然地觉得，孩子有很多"必须"做到的，"应该"做到的，不做就是有问题的行为。但是对于孩子来说，生命是个多彩的游戏，他们对于人生还没有那么多现实的标准，他们不是故意对抗，而是真的理解不了我们那些生存焦虑，也就理解不了我们对结果的要求。

　　当我们"要求"孩子，我们已经手握"正确"的大旗，孩子做不到就是错，做对了是应该，横竖没有喜悦。当我们站在"邀请"的位置，前提是我们接纳他们哪怕什么都不做，也还是值得爱的宝贝，只是，活着也是活着，有些事情，可以玩起来，做不好，还做不坏吗，好坏还不都是人生的玩法吗，都可以把自己玩明白。

　　有个妈妈很痛苦地夹在老师与孩子中间，老师不停地告状说孩子功课很马虎，孩子不停地嫌弃老师太死性。但是功课要家长签字，成绩要家长签字，也不能视而不见。老师虽然很强硬，但也是负责任。妈妈每次跟孩子谈起认真做功课的事情，孩子都会很有道理地说，凭什么我要因为老师不高兴就修改我的功课？你不是说，功课是为自己做的吗？我做了没？我做对了没？我写得不认真，是因为我赶时间，可以做点儿别的，我抓紧时间不对吗？再说了，我考试没考好吗？你是不是想我浪费时间配合老师？是不是老师不高兴就一定是我的错？你是不是想我活成那种没个性的人……孩子一通话，妈妈哑口无言，因为觉得孩子实在也没有说错什么，憋得自己心口疼。

我说，孩子是没有做错什么，功课本来就是为自己做的；老师也没有做错什么，她有权利对学生提要求。而你要做的，不就是让孩子把老师当作一个练习，创造性地去发挥吗。别当成一个任务去完成，当作一个小游戏去试试看。

妈妈就回去跟孩子说，的确，你说的都有道理，妈妈也想通了，妈妈也不在乎老师怎么看，妈妈愿意替你跟老师说。

孩子特别高兴，抱着妈妈说，妈妈我爱你！

妈妈接着说，你看，你爱妈妈，妈妈就很幸福；老师每天对着你们那么多熊孩子，她会不会也好想体验到你们的爱？

孩子想了想，没说话。

妈妈接着说，咱不把作业当作业，你也不用都听老师的话，但如果咱们在作业上做点儿不同，能够让老师也体验一下，她的学生们爱她，愿意做一点儿让她高兴的事情，你觉得是不是件有意思的事情？

孩子又想了想，显然他也明白老师是用心的，然后说，非得是作业吗？

妈妈说，当然不是啊，但妈妈不知道还能做哪些啊，只知道作业是最顺手的。你觉得呢，还可以做点儿什么，让老师知道，不论你有没有好好做作业，你其实是收到了老师的用心的，你愿意吗？

孩子就很轻松地说，我愿意的。

妈妈说，那咱俩一块儿想想，能做点儿什么呗，让老师哪怕不满意你，起码她知道她的用心是有人懂的。

孩子说，那我先把作业改改呗。

这不是一个策略化搞定孩子的过程，而是把一件"应该做"的事情，变成了"要不，我们试试……"的邀请；逼迫感没有了，创造力才会启动。

我自己有一个例子。初中的时候，我是语文课代表，学得不错，自己也小得意。有一次考试，有一道题，题面就有歧义，我就动了小聪明，故意答了一个暴露题目的歧义的答案。试卷批下来，当然这道题没有分啊。我可高兴了，在老师讲试卷的时候，就站起来反驳，是这道题出得有问题，我发现了出题的漏洞，那一刻觉得自己实在太厉害了。

老师没有跟我争论，下课就把我叫到了办公室，对我说："你说得都对，但是你明明知道，这道题其实要考你的是什么，对吗？"

我说："对啊，但是学习又不是为了应试，我们不是要学会真正地思考和运用吗？我不能用我的想法答题吗？"

老师看了看我，特别认真地对我说："我知道你是个有想法的孩子，所以才跟你说这些。我很欣赏你愿意为了自己而学习，但是学会考试，不也是一种能力吗？这种能力，也不丢人啊！"

我其实听懂了，但还想坚持一下："可是，如果试题有问题，我们也得跟着犯错吗？"

老师笑了一下说："这两件事情，一定要放在一起谈吗？能不能分开做？你坚持你喜欢的学习方式，然后也学会对付考试；考试真的是有套路的，你就试试找到这个套路，就在学习的同时，顺便把考试这件事情也办了，行不行？"

我是真的体验到了平等与尊重，我也体验到了老师在邀请我做一件我之前没有思考过的事情，意识到自己的狭隘，我就很接受地说："行！"

老师接着说："以后拿到试卷，就问自己，出题的人想考我什么，阅卷的人想看到什么，咱就给他什么，让他高兴去吧，你就拿到你要的，好不好？然后，你爱干吗干吗吧。"

这一段对话，对我的人生是有很大影响的。那个时候的我，坚决地以"配合到别人的期待就等于没个性"，不想淹没在别人的标准里。但是那一次以后，我知道我可以做这样一个有个性的自己，然后多做一件事情，就是在必要的时候，也可以配合别人的标准，拿到大家都想要的结果。

如果那一次，我的老师用"应该"跟我对话，我想我会决一死战，捍卫到底，坚守着那些无用的"个性"标签，自以为特立独行，但其实付出了无谓的代价。直到写下这些文字的时候，我当年心里的那些起伏，此刻都还在涌动。也就是那个时候，我开始思考，人生究竟是怎么回事。

第三个特征，多支持，少评价。

支持，并不是帮助，而是令对方有力量。

评价，是用一个标准来测量，完成得好不好。

并不是评价没有价值，而是没有一定的标准。所以高低好坏，其实见仁见智。

作为教练型的父母，我们的工作不是教会孩子们什么是"对"的，而是让他们在任何一个结果里，都能找到下一步，在任何对的、错的结果里不断前行，看到自己的生命力不断绽放。否则，对的、错的结果，都有可能让他们停下脚步。

支持并不是一味地鼓励"宝贝你真棒"，而是提供切实的支撑。在本能中心，跟他们一起找到意向，看到他们的选择的真正价值是什么，也提供必要的条件；在情绪中心，守护他们情绪起伏的空间，让他们有余地表达自己和调节自己；在理智中心，跟他们一起探讨、拓展，跟他们一起兴奋于新的可能性。我们要跟孩子同频，用我们的爱，帮他们放大自己的力量和影响，这才是支持。

还是举我女儿的例子。前不久，因为疫情，大家哪儿也不能去，两年都没怎么旅行，也没有好好度个假了。临时有朋友约，我们就决定黔出几天时间，去郊区遛一遛孩子。学校还没有放假，在上网课。女儿跟我商量说，不想只是换个地方上网课，能不能请几天假，不上课。我说，如果不上课，你想怎么安排这些课程和内容？（通常我都会用问问题的形式开始跟她的对话，因为她告诉我的时候，应该就已经有想法了。）女儿跟我说了一下安排，我觉得OK，就问她，有需要妈妈为你做的吗？她说没有。

她在请假的时候，出了一点儿小状况，其中一个老师对她临时取消课程很不满意，觉得这样的安排太随意。因为老师不知道，我们也的确是临时才决定，女儿其实已经是第一时间做了安排。女儿拿着老师生气的信息来问我，怎么办？

我说，这是你跟老师的关系，妈妈帮不到你，除非老师找我，那我会跟她说我要说的，如果老师不找我，意味着她想跟你直接处理这件事情，妈妈是不会干预的。你想怎样处理这件事情呢？

她想了想说，我知道老师说的是有道理的，但是老师也没有听明白我的意思。我不是逃避学习，我会负责任地补回来这些内容。我只是想，既然选择了去玩儿，就让自己可以百分百放松一下。不然，出去了也是上网课，那不就浪费了这次出游了吗?

我说,那其实你可不可以安排出来时间上那两个小时的课呢?

她说,当然可以,那样其实很容易。

我说,那你为什么选了不容易的办法呢,为什么不配合着老师就把课上了呢?

她说,我想看看,跟老师有没有沟通的余地。

我说,好啊,这个想法有意思,但你知道有可能要付出什么代价吗?

她说,我知道啊,然后就说了一些可能的后果。

在这个沟通里,我听得到小女儿在用她自己的方式负责任地处理问题,也是在试验人际关系里的弹性。我是支持她这个方向的,这是个人生必做的练习,晚做不如早做。所以她都说完后,我就问她,那妈妈能为你做点儿什么?

女儿说,第一,你能不能跟我保持一致;第二,我发信息、打电话的时候你能不能在旁边,帮我听听我说得对不对,然后告诉我还可以怎么处理。

我说,太可以了,我也想看看你怎么处理,我觉得会很有意思!妈妈只问最后一个问题,如果沟通了没有结果,老师还坚持她的想法,你会接受吗?

女儿说,接受啊,我只是想练习我自己,最后这个课怎么上,我其实都可以安排的,这都不是问题!

我说，那太爽了，这场不会输的游戏，你就撒开来玩儿吧！

支持，不是什么话术，也没有什么套路，就是真心跟他们在一起，为他们内在萌发着的种子提供爱，负责任，给予创造性的养分，然后，陪他们去耍！

接下来说一说思维的章法。

在上面支持型对话里，其实也可以看得到，如果没有思维的章法，对话也是很难的，我们自己会乱的。

思维的章法，并不只是简单的思维结构，而是由基本原理、秩序构建和独特领悟共同建立起来的系统。这本书是不够展开篇幅说了，就说一说怎样应用吧。

我们要建立思维的章法，要先找到一个原理的支点，再把原理对应到现实问题，这样就会找到内在的思维秩序，然后就会对这一类问题建立起真正独立的领悟和见解。

比如说我们可以用三大中心的原理：本能中心、情绪中心、理智中心来分类孩子遇到的困境类型，他所经历的冲突到底是哪个中心的冲突——在本能中心叫作意向冲突，在情绪中心叫作情绪冲突或者关系冲突，在理智中心叫作观点冲突。

举个最日常的例子。我们叫孩子吃饭，这个时候他不饿，他不想吃，我们想要他吃，这就属于意向冲突。或者，他其实也饿，可是我们一遍一遍地催，把他给催烦了，他宁可不吃以表骨气，这个是情绪冲突。又或者，他饿了，想吃饭，也很愉快地想跟我们一块儿吃饭，可是一上桌，他发现没有他爱吃的菜，我们认为的好吃和他认为的好吃不一样，这个是观点冲突。

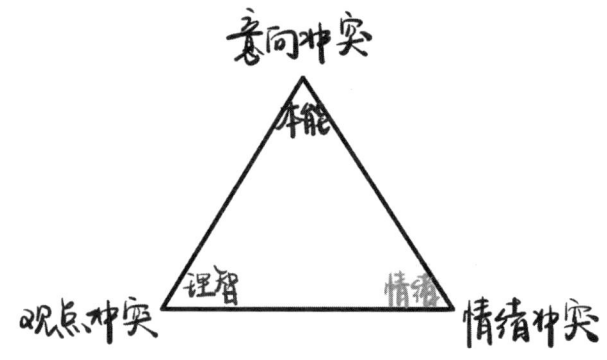

　　我们得有章法地处理问题。如果是意向冲突，我们用情感是解决不了的，他就不饿，我们不停向他表达爱，表达担心，用情感去绑架他，他吃进去的就不是饭，是不情愿。又或者，他在情绪冲突里，我们跟他去讲道理，证明这顿饭多有营养，越讲他越封闭，也是带不动的。如果，是一个观点冲突，他想要吃的饭不是这样，我们用其他两个中心的办法，价值或者情绪绑架，他也会觉得没有人明白他。是什么中心的冲突，我们要学会在本位去处理。

　　学习也是一样的，他不是本能的困境就不必盯着讲价值，不是情绪的困境就不必动之以情，不是理智的困境也不必晓之以理，否则越处理，孩子越觉得你不懂他。

我女儿小学的时候，有一段时间非常不喜欢学数学，我就问她为什么不喜欢学数学呢。她说，数学学来干吗，有什么用，计算器就可以算题了。

那个时候我留意到她跟老师的关系也很好，学的数学题她也会解，就是不明白数学跟她有什么关系，这是一个本能中心的意向冲突。

我就说，宝宝，你知道吗，数学在生活中是无处不在的。

她就拿了一支笔对我说，这个是数学吗？我不懂数学，但我会用这个笔。

我说，宝宝，这个就是数学，这支笔可以连续书写多长时间，这支笔多重，什么样的重量、什么样的粗细你拿在手上会觉得舒服，为什么会舒服，不是设计师计算出来的吗？这个不是数学吗？

她就气哼哼地把笔放在一边，又拿了一个杯子对我说，这个是数学吗？我不学数学我不可以喝水吗？

我说，这个杯子是多少容量，能装多少水，能不能耐热，能不能保温，保几个小时，温度怎么渐渐下降，这些不都是数学吗？如果你懂数学，你就知道怎么样用好这个杯子啊！

她就听懂了，然后不说话，她开始真的意识到数学跟她是有关系的。

我又说，你不是喜欢设计吗？你知道设计就是数学啊，你需要找到那个比例，设计好那个结构，你需要去计算你的用料，你不需要数学吗？如果你不懂数学，你怎么把自己的想法变成一个想要的结果呢？不同的设计就是不同的算法，别人只知道好看，但是做不到，因为他们没有你的数学公式。这个数学，就是你的设计密码啊，多棒！

她对数学的意向，就真的开始激活了，虽然仍然没有学得很好，但是她开始意识到，每道数学题，都是一次思维训练，她愿意去琢磨怎样用数学训练自己。

这个章法，还有一个升级应用，就是用好三大中心之间的上下行关系。

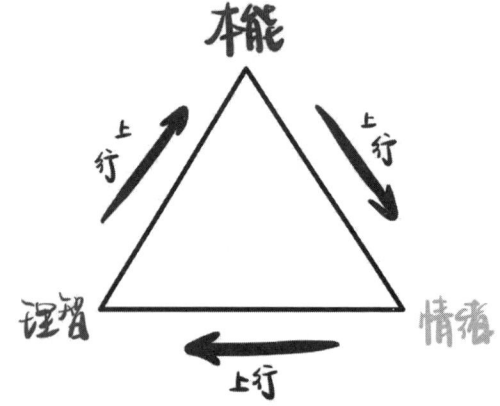

本能中心上行到情绪中心，情绪中心上行到理智中心，

理智中心上行到本能中心。这个在我们的沟通里非常好用：**本能看价值，情绪谈感情，理智讲道理**。

当价值一致的时候，就可以谈感情，否则谈了也是虚的；当感情连接的时候，就可以讲道理，否则只是自说自话；当观点一致的时候，就可以看价值，否则道理只是纸上谈兵。

如果孩子对于这件事情的价值是没有异议的，我们就不要再跟他讲价值了，他已经知道学钢琴是有价值的，对于他的人生是重要的，就不必再说钢琴了，而是要谈感情。他自己在学习中的付出，老师在他学习中的支持和付出，那些学习过程中的美妙记忆，那些感人画面……这样才能带动他内在丰富的体验，形成资源性记忆。

如果在感情上是没有问题的时候，我们才有机会讲道理。他热爱的事情，自己也很难割舍，但是畏难不想学了，我们就不要拿感情绑架他，而是带他分解、思考这个问题的局限性，在那些他认为自己做不好的部分，究竟发生了什么，有什么有误会或者无意识的部分，想明白了他就会自己去找出路。我们跟孩子的关系也一样，情感连接建立起来了，才能讲道理，不然讲出来也都是虚的。

如果他是懂道理的，他也能够想得清楚这件事情要怎么做，可是没有行动力，那就要带他看价值，看理想，找到方向感，他想明白的部分就能用上了。

当我们自己内在有章法，就可以很清晰地"定位"孩子的卡点，然后有意识地带动他们从当下的困境里跳出来，创造性地去解决。

说一个简单，但非常实用的章法，关于我们如何解构一个具体的困境，我们称为"A——▶B"结构。

所谓A点，是已经发生的，而B点，是指向于我们想要实现什么。中间的"箭头"，就是关于我们可以做什么。

为什么我们需要用这个结构来帮助思考，是因为我们的习惯性思维很容易以偏概全，焦点很窄，就会陷入一些思维的死角。

比如说，有人问，"我的孩子厌学了，他不想读书了，我该怎么办？"可是你的孩子发生了什么才令他厌学的，究竟是因为他在学习这件事情上受阻了，还是在学校的人际关系上受阻了，或者他在家庭关系里面受阻了？我们先得知道A点是什么，否则我们不知道这个孩子究竟处于什么样的状态。

然后我们还得知道B点是什么。B点不是关于"事情"，是关于"人"内在的转化。家长们会很容易地说，"我就是想他回学校学习"。我们的预期结果是想他回学校吗？还是我们想在他厌学这件事情里，重新找回对于学习的兴趣？又或者这个B点，是跟他重建有效的亲子沟通？还是B点是让孩子学会负责任地做选择？回到学校，只是一个结果，在这个孩子身上的B点是什么，这才重要，B点的设计不一样，中间的箭头到底要做一些什么，区别是很大的。

有个厌学的例子。这个孩子家里有一个弟弟，跟他的年龄差距有一点儿大。弟弟出生的时候，他也要读中学了，他体验到自己不被关注，就开始厌学，在学校里做了很多淘气的、任性的事情，也有一些违反校规的情况。其实他的厌学跟读书没有什么关系，是因为弟弟的出生让他觉得自己不被关注，他就用这种方式去寻求关注。后来我们的教练支持完他，他开始意识到，他需要得到爸爸妈妈的爱，是可以有更成熟的方式，是可以表达要求的，弟弟不是他得到爱的障碍。他就接受了爸爸妈妈爱弟弟的方式和爱他的方式的确是不一样的，他不能够要求爸爸妈妈像爱一个小小孩一样去爱他，他没有必要做这个比较，他仍然可以体验到爱。然后他就回学校去读书了。可是，他回到学校以后，一不小心又破坏了一次纪律，这次他的确是不小心的，是因为别人引发到他的情绪，他一时没有控制住自己，就产生了冲突。但是这件事情就成为了最后一根稻草。因为他前面所有的那些不良记录累积到这件事情的时候，学校就决定要开除他了。这个决定对于这个孩子而言，是很大的打击，他是非常失落的，因为他觉得自己刚刚升起希望，刚刚决定重新做选择，他想好好学习，却没有机会了。然后爸爸妈妈就很焦虑，找我们的教练说，我的孩子要被退学了怎么办？我们要怎么样跟学校去谈？他们以为这件事情的"B点"是"不被学校退学"。教练找我说这件事情，我说，最大的问题是父母的"B点"设计出问题了，"怎样才可以让我的孩子不被学校退学"不是能帮到孩子的"B点"。

"A点"，是关于在这个过程里孩子发生了什么；"B点"，也必须是关于孩子在这件事情里能实现什么成长，才是有价值的。

首先看"A点"的资料，有关于孩子的，他之前的确是破坏了学校的规则，的确是累积了很多的不良记录，在这件事情里，他也的确是情绪失控，但不是蓄意地挑起冲突，这是第一部分。第二部分资料，老师和校长已经给了他很多次机会，所以大家心底已经对他累积了某些成见，这些也是我们必须面对和接受的，不必争拗。第三部分，孩子这一次之所以这么难受，是因为他也的确在努力，在学习上和人际关系上都有所进步。我们把"A点"的资料全部铺陈出来：他自己累积了一些不良记录，导致别人对他有了成见，然后他现在再努力的时候，一有失误，别人还是用过去的眼光看待他，并且不给他机会，这就是"A点"，这就是这个孩子目前所面对的处境。看懂了这个处境，就知道这其实是一个人生的典型情境，不必大惊小怪，谁都会遇到。这样的情境的价值，就是为自己"还债"，清偿之前不负责任的选择，然后学会对自己的选择负责任，同时，也学会，什么样的处境都有机会翻转。

接下来就要看"B点"是什么，我们想要什么？核心的关键点，"B点"的设定必须具有生长性，也就是我们一定要让他在经历这件事情的过程里学到点儿什么——成长才是目的。所以要跟爸爸妈妈区分，是不是他的"B点"就是认错，保住学籍，然后承诺再犯错就会有更严重的惩罚，让孩子一直活在失去的恐惧里，只为了小心翼翼保住不离开吗？显然不是，这样的思维是关于"不要"什么，而不是关于"要"什么。"B点"，必须是在面对了"A点"的基础上，让孩子完成相应的成长。所以，真正的"B点"，是这个孩子学会有勇气地面对自己的过去，学会在别人不信任他、不给他机会的时候，还是可以去重新建立联系，为自己创造机会。即便他不能够留在这个学校，但是他可以对自己有信心，他知道我能够承担起我过往人生带来的后果，我也能有力量从这一刻去扭转它。这样的"B点"，才会让孩子知道该向着什么方向练习自己。

当我们搞定了"B点"，然后我们再看，我们可以做一点儿什么，这个时候的"箭头"就很清楚了。

在箭头里，第一件事情是要接受现在的结果，真正明白老师和校长做出这个选择是因为什么，站在他们的角度看待这件事情，这才是对话的基础。第二件事情，这个孩子要学会表达自己已经作出的努力，就像他学会向父母表达爱的需要是一样的，不要等着别人看见，而是帮别人了解自己。第三件事情，去接受别人对我有成见，基于我过去的结果，对于他们来说是有合理性的，不抗争，把这些当作自己下一步的资料。第四件事情，创造性的方案，让学校看到除了开除他，还有更好的选择，不只是对他更好，而是对所有的学生都更好的选择。把这次事件，做成一个翻转的典型。

所以当他要去感召校长，要面对的时候，不是要准备认错和保证，而是要学会这几件事情：首先，他需要去接受别人对于他的看法是有合理性的，这不意味着我认同我就是这样的人，而是我愿意对我自己创造出来的结果负责任。所以我不对抗学校作出的决定，我知道学校作出这个决定也是负责任的，我只是在这个决定的基础上找下一步。其次，这一切是关于我的过去，这一刻起，我要让他们看到一个有所不同的我。这段时间我已经在努力学习，我已经在调整自己，但我不能够以为我做了别人就应该看见，所以我要给出什么样的资料帮助别人知道我真的已经在努力了。不必陷于他们的不理解，去创造新的理解。最后，就是学会承认和面对自己的过去，同时，还可以引发别人开放一个新的可能性。所以，我可以作出一个新的宣言，承诺可以出现什么样的结果，给自己一个挑战。我不是去乞求一个机会，而是邀请我的老师和校长跟我一起进入接下来的挑战。因为如果我可以完成这个挑战，不只是给我的机会，对于所有的同学来说都是有价值的，他们可以从我身上看到一个人扭转自己的决心。

当我们用章法梳理完这件事情，是不是看起来完全不同，这个练习就非常有意义了。我跟教练说，让父母把焦点从"开不开除"这件事情上放开，陪孩子做练习。如果这个孩子学会了处理这样一个困境，他就能够在这个过程里，既面对过去又负责任地创造未来，既能够允许别人这样看待他，又不停在评价里，你们是不是会为这样的孩子觉得骄傲？你们是不是会愿意让他完成这个成长的过程？你们是不是会感谢他所经历的一切？

我们又想孩子成长得卓越，又不敢让他们做几道难题，那怎么练得出来他们的勇气与智慧呢。但是解题思路得有，就是我们用"A→B"结构搭建好章法，什么题都能有解。

说完了章法，最后一点，是要为孩子提供多元的养分。

我们在开篇的时候已经说过，我们跟孩子的关系：我们是他们的土壤，他们带着自己的生命力的种子，那是我们管不着的，我们能做的，是成为有营养的土壤，帮助孩子从这个世界得到各种各样的养分。

我们的养分还是三大类：**本能中心养分、情绪中心养分、理智中心养分。**这三种养分都有，才能帮助孩子均衡地生长。但通常，我们会比较偏重于理智中心的养分，以为知识才是营养，这是不够的。

在本能中心的位置有关于他们的价值感、力量感、现实感。

在价值感的位置，要帮他们调动热爱，让他们纯粹为了他们的热爱去做一些事情。也许他们热爱把家里的墙都涂花了，也许他们热爱创作一首属于自己的乐曲，不管这件事情有没有一个现实的结果，我们得支持他们去做，这是他们在体验生命力。

我们还得给他们有力量感的养分，给他们机会去服务别人，为家庭付出也好，做一些公益也好，都是让他们体验到自己能对这个世界有所贡献。比如说，把他们的生日宴，设计成一个他们可以去服务别人、贡献别人的机会，把他们在生日里所获得的爱分享出去，这些都是会有滋养的。

又或者，跟他们订立一些挑战性的目标，让他们能够体验那些看似不可能的事情，他们是能达成的。我女儿跟她的小伙伴们去了一次戈壁徒步，挺艰难的几天，但是小朋友们无比兴奋，因为她们的本能中心被深深地滋养到，她们前所未有地体验到"我可以！"

在本能中心，把钱交给他们自己管理，让他们参与家庭事务，让他们做一点儿有压力的工作，这些都是有力量感的、有营养的。

还有关于现实感的营养，我们可以跟他们去探讨现实世界的问题，可以跟他们一起去学会在有限的环境条件下，怎样可以很务实地去完成自己想要的。比如说，有限的预算，完成一次旅行；有限的条件下，完成一个手工作品或者做一件自己真心喜欢的事情；为自己申请学校；为自己安排每一季服装更替预算……这些都是我们要在本能中心给他们提供的养分，所以在本能中心的养分如果充足，他们就会对自己的行动力有信心，而且懂得如何面对现实问题，知道活着是怎么回事。

在情绪中心，是帮助他们去滋养表达、连接和内在的体验。所以在情绪中心，我们创造一些社交的机会，不同的主题，不同的人，让他们能够开放地去表达，体验自己的影响力。表达不只是用语言，也许他会表达他的一个作品，也许他会表达他的一篇文章，也许他会表达他的一幅画，我们要让他有机会去展示自己的内在世界，这对于他对自己内在世界的体验和信心是非常重要的。我们可以带他们去不同的地方，跟不同的人相处，带他们去认识不同的人都有自己的生命课题。也许有一些人，看起来很弱势，但他们有自己在艰难中的生存智慧；也许有一些人看起来很成功，甚至很强势，但其实他们也有自己生活中的挑战和难题。让他们用认识人，来认识世界。

情绪中心还需要有丰富而鲜活的体验，要为他们补充很多激活体验的素材，比如说艺术，比如说生活中的仪式感，这些都是情绪中心的养分。艺术的形式多种多样，他们不只是可以了解，还可以参与，给他们机会参与，这就是养分。生活中的仪式感，也是美感的发展，关于主题日，关于家庭活动，关于礼物、卡片，都是很好的滋养。

理智中心的养分是关于他们的信心、专注和创造力。

各种学科的知识，当然是理智的养分，但是光有知识是不够的，我们要让他们有机会看到这些知识跟现实生活有什么关系，看到那些专业研究是怎样运用的，他们都是非常感兴趣的，关于人类的智慧如何转成现实价值，他们是会有骄傲感的。

阅读是获得知识的方式，但阅读本身，也是很滋养理智中心的，不论读的是什么，那是内心的安静和激情同时发生的时刻，跟他们一起选书，读书，分享书，是很美妙的。

还有一个重要的养分，是争论。不是人与人之间的冲突，而是思辨的游戏。找一些有探讨空间的话题，没有确定结论的，敞开来聊，辩论，激发深度的思考。

最重要的理智的养分，是带他们去到一些有挑战性的事情里，让他们去创造性地处理难题。这个挑战跟本能不一样，不是关于意志和体能，而是信心与创造力。所以有机会，让他们去体验冒险，那不是指做危险的事情，而是离开常规的生活氛围，做一些小疯狂、能让他对自己刮目相看的事情，哪怕是一次将带着公益主题的旅行，创造到一定的转发与分享。

为孩子提供养分，也是为我们自己接收养分。要想带得动孩子，我们自己的人生一定要活得有魅力。管得住孩子，是一时的；吸引到孩子，才是一辈子的。这也是需要用各自的领悟，去创造性地发挥的。世界这么大，不妨去看看。

会有一些朋友跟我探讨，孩子是要穷养，还是要富养。穷也好，富也好，都不是在于外在的物质条件，而是心灵的营养。

所谓富养，不是指我们要给到他们多少富裕的外在结果，而是要让他们在内心体验到"我想要什么，我都值得拥有"的富足。这个值得拥有是指"我在我自己的内在世界里，可以用任何一种方式找到我的力量，我可以用任何一种方式带来我内心的美感，我可以用任何一种方式支持自己去探索"。当他们可以有这份内在的富足的时候，我们就可以穷养。穷养不是指克扣他们的需要，而是让他们认清现实——任何一个现实环境，它都是有局限性的。未来在他们的人生里，钱是有局限的，时间是有局限的，能力在某一个时间点上也是有局限的，资源也是有局限的。怎样在局限性的条件下都能实现自己的意图，在条件有所不够的时候仍然有信心地去创造性地实现，这就叫作穷养。

所以，富养是养孩子的内在的富足感，穷养是养孩子的现实感和创造力。这样我们就可以让我们的孩子内在带着富足，什么都敢想敢要——不是向别人要，是向自己要。同时，又可以脚踏实地，在有限的环境条件里实现内在无限的意图，这就是我们可以带动他们在生命中找出那份玩赢人生的体验！

我们跟孩子既是一样的，又是完全不同的。一样的是，我们都是独立的生命意识，有着一样的生命系统；不同的是，每个人的生命目的都是独立的。我们都是海洋里的水，有些用来发电，有些用来科考，同样的意识会流进不同的目的，然后我们就有了各自的生命路径。但这些水，不论经历了怎样的旅程，行走了怎样的路径，最终，都还是要回到海里，我们会在那里见。我们跟孩子，用不同的目的，运行着同样的生命力；作为生命意识，我们有着深度的共鸣，作为独立的生命目的，我们只能为自己负责任。

所以，我们用调频自己来调频孩子，用调动自己的生命力中心来共鸣孩子的生命力中心，我们只能用活好自己的方式来滋养他们的人生，我们只能站在自己的世界里，爱他们。

他们的人生，终究是他们的选择，我们无法替他们做主，也无法代他们受苦。把他们的问题还给他们，我们只负责提供养分，然后我们就可以看着他们成长，达到他们来到这个世界的独特目的；就会看着他们去做一些，对于他们这一生来说真正重要的事情。

当我们体验跟他们的连接，就会愿意启动无条件的爱；当我们接纳各自的独立，就不会过度焦虑，不会企图过度地干预他们的生命发展的方向。我们可以跟孩子各安其位，然后同频共振。生命，就变成了我们之间的一场约定，我们也许早已经约好，来到这个世界成为亲子，共同去见证彼此的成长，和生命的神圣意义。

请允许孩子们野蛮生长，只要确保他们在"生长"。

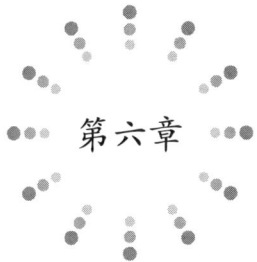

第六章

易逝的亲子时光，长远的生命之约

写到最后了，不是话说完了，是一本书的字数用完了。

这就好像生命一样，因为有限量，所以我们才会对每一个当下、每一个选择认真。生命的玩法，就是在有限的形式里，充分实现自己的无限性。

就好像我们跟孩子的关系一样，时间有限，我们能为他们做的有限，他们能给我们的机会也有限……正因为如此，我们就只能依靠自己的无限智慧，在每一次机会里，都可以带给他们受用一生的成长。

一场美妙的生命之约

这其实是一本关于生命的书，不是一本关于教育的书。

教育的目的，是支持每个人最大效率地学习，而我们在这个世界上，唯一的学习，就是生命本身——学会用一切有形的方式，表达意识的无限。其余一切，都可以看作是这场学习带来的效果。

激活一个自由丰盛的内在世界，创造一个富足精彩的外在世界，不是什么"梦想"，而是生命的"本分"，也是每个人的"应得"。我们之所以有时会觉得这个话题很空很大，只是因为我们"意识不到"，而不是"能力不够"。

当我们对生命有感觉，亲子关系，就是一场美妙的生命之约；我们相约，成为彼此的功课，也成为彼此的守护。

如果对生命没感觉，亲子关系就像是一场不留情面的互相"揭露"，只想解决对方的问题，以免被牵出自己的痛处。

讲一个小故事。

有一次我出差，坐飞机。后面几排有个小宝宝，男生，两岁的样子，也就是刚刚进入本能之情绪的阶段。听起来，宝宝是第一次坐飞机。像所有这个阶段的宝宝一样，他爱动，情绪很活跃，不喜欢被约束，而且因为在本能中心发展阶段，会把身体的感受和反应都转成情绪表达出来。因为他的理智中心还没有充分发展，所以只能用情绪表达。

飞机起飞的时候，宝宝小闹了一下，估计是耳朵不舒服。但是因为好奇、兴奋，妈妈哄一哄，带他看看窗外，也就没事了。到飞机降落的时候，因为机场调度，绕了一会儿，机舱里也闷，加上坐久了不耐烦，宝宝开始哭闹不止。听他的哭声，是有所指的，那是有要告诉妈妈但说不出来的话，估计是耳朵难受，再加上身体被安全带绑着不能动，没法儿释放情绪的压力。

因为他的身体被束缚了，他的哭声里就越来越多情绪的烦躁和抗拒，这是他唯一释放情绪的方式了。而这持续的哭闹，自然是影响到了前前后后的其他人，也勾起了更多人的烦躁。这是本能之情绪这个阶段，生命本来就具有的能力，强大的情绪感染力。

妈妈一直试图安抚孩子的情绪，但她以为的安抚就是让孩子安静下来，就是阻止孩子的情绪。所以她一直在哄，一直在"嘘"，但是她自己的情绪也是焦虑不安的。孩子能直接体验妈妈的情绪，所以她越哄，孩子越烦，两个人的不安，共振得很厉害。

周围的人，开始有明显的叹气，或明或隐地表示不满。其实也并不是对孩子的嫌弃，就是这个气氛让人不舒服了。

这个时候，一直不出声的爸爸突然开口了，开始数落孩子，厉声说："住嘴！不许再哭！再哭，把你丢下去！下次不带你出来！你给我忍住！听见没有……"每一句都是感叹号收尾。

孩子在妈妈身上哭得更加厉害，因为他根本听不懂爸爸在说什么，只能体验到爸爸的情绪有很大压力。他要用哭声，让身边的人知道他发生了什么，这是他现在唯一能做的表达。

爸爸看见吼完孩子没有用，就开始吼妈妈："就是你！把小孩子哄成这样！你让他闭嘴呀！都是你惯的……"说完，自己气呼呼扭向一边，不看这对互相纠缠，也互相掩护的母子。

妈妈知道自己做什么都没有用，只是挨着时间等降落。

而爸爸一直自己生着气，其实也是挨着时间等降落，生气只是站在其他乘客的立场，表示自己也很不满意。

等飞机落地了，孩子忽然就不哭了。这并不是问题解决了，只是压力情境撤销了。

然后他们收拾东西下飞机，还是相亲相爱的一家人。在拿行李的地方，爸爸逗着孩子玩，眼神里的宠溺也是由心而发。但我们知道，这个故事没有结束，如果没有被看懂，就会创造出更多的故事。

讲这个故事，是因为它太日常了。

在孩子的情绪里，父母其实不知道能做什么，他们只想解决这个"问题"。但孩子不会轻易让我们解决的，因为他们的反应，并不是胡闹，而是有他们自己的意义的。如果父母读不懂，他们不会轻易地撤回他们的表达，因为这场沟通还没有完成。

当妈妈发现她"解决不了"孩子的问题，她所做的，就是假装一直在解决，做着一些自己都不确定有没有用的行为，挨时间。当爸爸发现他也"解决不了"问题，他的羞耻感被引发了，所以他要大声地教育孩子和老婆，让别人听到，"看，我在做我该做的！"所以他那些狠话，其实并不是说给孩子听的，只是用来平衡自己的无力感。

在这场混乱里，我们看见了三个无辜的孩子：

一个孩子，努力地用情绪表达自己，寻求支持，但没有人愿意听见他，每个人都在忙着处理自己的不安和焦虑。

一个孩子，习惯了自己"做了也没有用，说了也没人听"，所以行为里并没有清晰的意向，甚至是冻结了自己的情绪，只是用"做点儿什么"来避免被指责。

还有一个孩子，显然也是在情绪的压力里长大，所以别人一有情绪，他就已经关闭了自己的接收通道，只等着时间过去。如果等不过去，就用情绪撞击别人的情绪，以此来体验自己的力量感。

这三个孩子，都被困在自己的情绪里，他们感知不到彼此，却又拼命想做点儿什么。且不说那个小孩子，他在匹配他年龄的状态里，而这两个大"孩子"，其实很想爱别人，很努力，也很无力。

但其实，如果他们当中任何一个孩子，能够切实地体验到"无条件的爱"，体验到他的不完美并不妨碍他仍然值得爱；任何一个孩子，能够停下来，不必匆忙地应对问题，只是体验一下另一个生命；任何一个孩子，不担心别人怎么看他，只是在这个情境里试着调动自己的亲密与柔软……这个故事，瞬间就是另一个画面。

生活，并不那么难，我们对自己没有办法，才是难。

每次看到这样的故事，我都能在其中看到一群无所适从的孩子，同时也能看到孩子背后的那些父母，他们带着自己做孩子时候的模式，传递给他们的孩子，孩子的孩子……

有人问我，从父母那里无意识沿袭来的模式，是不是就是"家族业力"。我们对于"业力"这个词，多少带点儿恐惧，似乎是一种逃不脱的惩罚机制。但其实，"业力"只是我们设计给自己的功课，是高维度的自己设计给现象层面的自己的"专题"练习，就像我们设计了一个过山车给自己，玩得自己吱哇乱叫，其实只是想激活自己的勇气。拿着同样习题的人，组成一个学习小组，看看一道题有多少种解法，这就是所谓的"家族业力"。这也是"家"的意义，让我们在一个有承诺、有传承的关系里，深度地经历内在的课题。

作为孩子，我们会在父母那儿拿到那些试题，作为父母，我们会在孩子身上看到我们答题答得怎么样。

我有一个朋友，她是被领养的，她很早就知道。她的养父母非常爱她，也没有别的孩子，她也非常爱她的养父母。但即便是这样有爱的关系里，她的"被领养"仍然是她内心的一个结，她是介意的，因为被抛弃的创伤是一个独立的课题，不会被养父母的爱填平，就像吃饱肚子和穿暖衣服，可以互相帮补，但仍然是两件事情。但她也不能敞开她的介意，因为那样会很辜负养父母的深情养育。这个介意，就卡在心里了。并不是冲突的关系里才会形成创伤，有爱的关系里仍然有创伤。生命意识只要不能舒展自己，都是伤。

这个卡点，令她在成长的过程中，得到什么都觉得还"不够"，总有些挥之不去的"贪婪"，想得明白，却拿自己没有办法。我们知道，"贪"是因为本能中心的匮乏感，而出生就被遗弃，伤的就是本能之本能的价值感，是很深的价值匮乏。而且，她会无意识地消耗她的养父母，消耗他们的爱，消耗他们的钱……是无意识的，不是故意的。这是内在那个被遗弃过的孩子，在不断地试探别人爱她的程度。这就是为什么我们一直强调，在人们所谓的"缺点"里，一定要看到"痛点"，我们才真正能够明白他们为什么会有这些模式，而不是高高在上地评价或者指点。在生命的业力系统里，谁也不能幸免，都有要做的练习。

直到后来有一天，她也领养了一个孩子，不是因为自己没有孩子，只是因为想领养一个。而且机缘巧合，心想事成。当她抱住这个领养的宝宝的时候，她觉得这个宝宝跟她、她的家庭有着奇妙的缘分，就像她亲生的一样。

我对她说，孩子和父母的缘分，是很奇妙的，血缘，只是一条来路，而父母跟孩子之间的缘分远远高于他们来到的路径。就像一个朋友来看你，是坐飞机还是坐火车，中间有没有停站转车，那份心意有什么区别！所以这个孩子，只是借了别人的肚子来找你，你要给他报销来时的路费，也就是用一生陪他做这个"被遗弃"的功课。但你们心意相通，相约今生成为母子，这缘分是真真切切地摆在面前的，他是用了多大的诚意，才来到你的生命中。

其实这些话，并不需要我说，她早已经心知肚明。她流着泪，但是特别平静地对我说：昱竹，其实我知道，我养了这个孩子，就开始了结我自己心里关于领养的那个结。

我说，是，当你无条件地爱这个孩子，你就会真正信了，你父母对你的爱，跟你是不是领养的，也毫不相干。

她成为了她自己心里的父母，也就疗愈了内在那个受伤的小孩。

在这个故事里，并不是因为这个孩子来了，才了结了她内在的创伤，而是因为她已经在有意识地去疗愈自己，才会生发这些念，才会遇到这个孩子。我们对于自己"有意识"，是一切的开始，这个意识会帮我们吸引到相应的机缘，然后一切由心生发，慢慢转化。

所以作为父母，我们向上，接引着我们的父母留给我们的模式，向下，面对我们的孩子提交给我们的成长习题。在这些课题里，我们每走一步，都有机会转化整个家庭的传承，而这个"家"，将能孕育更多智慧的生命，这就是作为父母这个角色的无量功德。

成长型父母，先养好自己

生命是一场漫长的旅行，但其实并不是累积得分的游戏，每个当下都是赛点，任何一个赛点赢出来，都是整个生命的蜕变。就像一场足球，不必九十分钟都在进球，任何一分钟都能扭转全局，但我们要用进球之外的时间，铺垫我们进球的"可能性"。如果只把焦点放在进球，而不会铺垫，那一定是支不入流的球队。会看球的人，都不看在球上，而是看在不进球的时间里，球队的焦点在哪里，力气都用来做什么。

我们跟孩子的人生也是一样。

如果我们的焦点只放在挣不挣钱，那就是焦点在"球"，即便挣到了钱，也不会真正提升我们跟钱的关系，有钱没钱都在钱的焦虑里晃荡。除非，我们在挣钱的过程里，焦点放在生命的本身：对自己的价值感的清晰、力量感的启动、现实感的训练，这样才能铺垫出"财富"的场，铺垫好挣钱的可能性。那个时候，钱来钱走，人是踏实的，因为人是钱的源头。

同样，如果我们对孩子的焦点都放在学习、成绩、技能、听话……这些看得见的结果上，我们就像在球赛里追着球跑，谁都有一脚走运踢进球门的时候，但那不代表真有水平。也有能力没问题，但运气欠佳打中门柱的时候，衰得莫名其妙。若以"进球"论英雄，孩子跟父母之间的关系，就会紧张而又脆弱，除了各种成绩，没什么值得高兴的。

当然，我们要看住那只"球"，才能体验生命的精彩。但如果看不懂整场的铺排，那也是瞎凑热闹。我们是孩子的教练，也是孩子的观众，还是孩子的啦啦队。孩子踢满整场，自然也想踢出几记漂亮的进球。但这不是我们站在场边给他们加油的意义，我们不是他们的记分员。那个进球，自有球门会收，我们的存在，是在他们匆忙奔跑中，看见他们看不见的自己，看懂他们进球前的每一步，是不是都指向他们想去的位置。然后，陪他们一起把"进球"这件事情，铺排得更精妙、更具挑战、更有创造性，从而，不论他们做什么，看见的都是自己——自己的力量、自己的情感、自己的智慧，这些才是这场球赛真正的得分点，也是人生的得分点。

经常有父母问我，昱竹，你讲的这些，你自己都做到了吗？

我说，做不到，我也有我的无意识。但我能意识到我没有做到，然后在意识到的地方，给自己一个机会，再试着做点儿不同。

也经常有父母问我，昱竹，这个练习，为什么做了这么久，还没完？

我说，有些功课要做一辈子，但不是"做完了"才有价值，而是一直做，一直在成长。

还有父母说，昱竹，为什么我成长了那么久，还是会有那么多处理不到的问题？

我说，也许因为你够努力，来到了更高级别的问题。但是不用担心，你跟孩子的关系，也一定跟着问题，来到了新的高度。

还有父母问，昱竹，你说让孩子有选择，那他们选不好，会付出代价怎么办？

我说，生命有一百年这么长，就是有足够的容量来付代价的。区别只是，让孩子有意识地付代价，还是无意识地付代价。他们做错了，付的代价他们能看见；我们替他们选择完了，他们付的代价他们看不见。允许他们错，和让他们瞎，我们选哪个？

还有父母问，昱竹，你说没有对也没有错，都是成长的过程，那他们不知道错，怎么能改呢？

我说，怕的不是对错，怕的是孩子没有下一步。谁又不想做得对呢？但是成长总会带我们去到做不对的位置，才有新高度。如果把孩子困在对错的标准里，做对了就要保住，做错了就会困住，对了错了都没有下一步。不要怕孩子做不好，只怕孩子在对错里转不了。只要保持生长，任何一个错，都有机会纳入一个更大的对。

......

这是我跟父母们的日常对话，看起来问的是孩子，但其实说来说去，都是关于父母们对于生命的领悟，都只关乎我们自己的心智成熟程度。孩子们只是把我们对生命的思考和困惑，都膨胀起来，撑起我们对生命的意识和敬畏。

成长型父母，是在养孩子的过程里，先养好自己：

养好自己的本能中心，读懂自己内在爱的智慧，愿意在孩子的"问题"里练习自己。

养好自己的情绪中心，连得上孩子的生命体验，也连得上自己的内在世界，共鸣滋养。

养好自己的理智中心，在每一次成长困境里，发展创造性的解题思路，越来越精细地了解生命。

养好自己，就像养鱼先养水，养树先养土，不论发生什么，都有足够的底气。

养自己的过程，也是逐渐认知生命的过程，从生命的原理，到应用的章法，最终生发出独特的领悟，父母的智慧，就会自成体系。而这，可以是一个家庭爱与学养的传承。

当这一切准备好，我们再把焦点转向孩子，我们会发现，当父母对于生命充满诚意与敬意，孩子也会准备好自己，在体验人生的挑战里，都有善意。

然后，带着孩子们，一起经历真实的人生，切实地学习，野蛮地生长。

允许孩子们野蛮生长

真实的人生，就是在各种日常琐碎、红尘心碎里，还是看得见生命力，并且用好它。

有个妈妈问我，离婚了对孩子有什么影响？我说，影响就是他比别人早一点儿学习到，关系就是有开始有结束，但都可以有负责任的选择。当然，是在他的年龄所能理解的范围里学习。所以，不要企图用一个"假的人生"让孩子幸福，那个刻意营造出来的没有分离，没有失败，父母不会犯错的假的人生，并不会带给孩子内心的踏实。如果我们的人生就是这样发生了，不论是离婚，还是破产，或者意外，我们就是孩子的课本，我们对待这件事情的态度就是孩子学习的资源。孩子不是在事情里长大，是在父母对待事情的态度里长大。我们是坦诚面对的，他们就会坦然接受人生的不完美，然后知道在不完美里如何用好自己的生命力，让自己永远有下一步。

切实地学习，就是在生命的"体感"里学习，而不是在各种概念里浮泛地争论。

要学游泳，就要跳进水里，但是一跳进水里，就会发现自己不会游泳。就是在不会的地方，才知道自己可以做点儿不同，才能感知到生命在"生长"。

我们要他们学习管理时间，就得允许他们在时间里呛几口水，允许他们浪费点儿时间，混乱一段时间，磨蹭点儿时间……然后意识到，他们跟时间的关系里，有那么多可以提升的余地。不必天天跟在后面念叨，一寸光阴一寸金，那是洗了脑但不能动他们的心。不如，搜集点儿他们的资料，什么时候时间效率高，什么情况会出工不出力，什么时候是情绪不好所以磨蹭，什么时候是被环境影响带偏了节奏……在这些切实的资料里，帮他们对自己"建立意识"。有了意识，就不必大道理催着，他们有心就会愿意。

同样，要他们学会管钱，就得允许他们浪费点儿钱，然后看看他们花出去的钱，有多少是真正满足了他们的需要，有多少是一时冲动，有多少是碍于形象，有多少是花得心疼但真值得……他们会在切实的"体感"里，一点点看懂自己跟钱的关系，看见自己花钱的模式，然后在"钱"这件事情里，慢慢学会对自己的模式有办法。

我们不能指望，他们可以在道理里长大，那种口号式的教育，只能培养策略化的应对。在切实的生命体验里的学习，不会是平滑上升的曲线，但会是实实在在扎根的自主意识。

野蛮地生长，是在我们的守护里，充分允许他们伸展自己的生命力。

每个阶段，生命都有着特定的渴望。

只要是发展本能中心的阶段，就会渴望着力量，渴望着占有，渴望着证明自己的价值。

只要是发展情绪中心的阶段，就会渴望着被关注，渴望着有连接，渴望着有美感。

只要是发展理智中心的阶段，就会渴望着独立，渴望着与众不同，渴望着创造与冒险。

每一个阶段的渴望，多少都有些过分，因为还没有平衡整合进成熟的心智系统。

但这就是生命最宝贵的成长阶段，因为充分伸展，所以营养丰足，信心充沛。千万不要急着催熟他们体贴懂事、稳重妥当、严格自律，不要指望他们规划得当、举止得体、进退有度，那不是孩子。

如果，在他们还是孩子的时候，不允许他们好好当个孩子，将来当他们长大了，也不肯好好当个大人。那些孩子气的大人，都是因为被催熟，所以可能一生都不能真正地成熟。

而孩子，就是会大呼小叫、大惊小怪、大起大落；就是会不靠谱、不稳定、不沉着；就是会恃宠而骄、得意忘形、使诈耍赖……因为他们知道，总有一天会离开父母，就不可以这样放肆地体验"被爱"了。

请允许孩子们野蛮生长，只要确保他们在"生长"。不必把他们的每一步都规划好形状，不必急于修剪枝叶，留一点儿任性的余地给他们，让他们体验父母的"爱"有足够的默契与允许，然后他们也就会学着，为别人的生命留出足够的空间，有意识，也有胸怀。

要允许孩子充分地成长，最后一个小贴士：建立意识，而非追求结果。

我们的每个行为，既是向外做的，也是向内做的。向外，是创造结果，向内，是建立意识。结果，都是暂时的，意识，才是持续进阶的。

我们教孩子写字，是在建立他们对文字的意识；教孩子读书，是在建立他们对语言的意识；教孩子唱歌，是在建立他们对旋律的意识；带他们运动，是在建立他们对身体的意识；带他们社交，是在建立他们对关系的意识……他们未必每件事情都能做好，但是建立到的意识，会拓展和丰富他们的内在世界，让他们慢慢储备好资源，在需要的时候用出来。

所以，我们教孩子管理时间，并不是教完了他们就会管理了，而是一点点帮助他们建立对时间的意识，对时间的长度、时间的容量、时间的节奏都有意识；教孩子做数学题，并不是教完了他们就能做对，而是一点点帮助他们建立对数学的意识，对数字的意识、对数理的意识、对思维逻辑的意识；在他们没有做出结果的时候，就是最好的带他们建立意识的机会，就像他们情绪失控的时候，就是最好的机会，带他们练习情绪的平衡。

建立意识就像是播种子，而不是急于摘果子。他们对某个选择建立了意识，等到真需要的时候，就用得出来。如果我们急于让他们有结果，反而会阻止了他们内在发展意识的过程，他们就会用最容易的方式创造结果，而不会在这个课题里持续深入，也不会真正发展出独立思考和创造的能力。

某种程度上，这十几年的亲子关系，我们就是不断地播种子，而他们在未来人生里，才有机会不断摘果子。

我们跟孩子的这段缘分，若简单地算一算，能抱在怀里的时间不过两三年，能说了就听的时间也不超过四五年，能带在身边一起玩耍的时间不过七八年，能好好聊天的时间也不过小十年，能想看就看见他们的时间也就说不定到哪天……作为生命中如此重要的一段关系，给我们的时间，真不算多。

但这段短短的缘分，也许是一段长久的相约，约定我们在这段人生最有承诺的关系里，接受扑面而来的挑战，完成生命最深度的功课，也还原生命最无条件的爱。

有人说，学着亲子，疗愈了跟父母的关系，因为自己成为了父母，也就接纳了父母的局限，爱就归位了；也有人说，学着亲子，疗愈了跟爱人的关系，因为看见了两个人的冲突，不过是两个受伤的小孩，在互相倾诉；也有人说，学着亲子，疗愈了跟自己的关系，因为爱着外面那个小孩，所以也唤醒了里面那个小孩。

所以亲子关系，是个爱的入口，是个智慧的出口，我们只是经由那个孩子，升级了我们跟生命的关系——不只是自己的生命，是所有生命共同的意识。

感谢我们生命中的"小孩"，打开了我们对于生命的"无论如何"。

也祝愿所有的小孩，不论是"里面"的还是"外面"的：

都能拥有灰头土脸的童年，

也能拥有狂妄而气盛的少年，

还能拥有热烈而不可理喻的青春，

然后带着底气与满足，走进岁月的磋磨与挑战，

在生活的重量里，

绽放出生命的体量！

作者简介 ▼

钱昱竹

JODIE QIAN

毕业于南京大学中文系，硕士。

毕业后，从事过编辑出版、人力资源管理、保险业务、培训等工作；2004年，开始自己的心智成长，2005年正式致力于心智成长的专业探索和课程、项目实践。

昱竹重新定义了"心智成长"，并搭建了原理系统、实践系统和专业教练培养系统。18年间，昱竹直接服务过的学员超过2万人，遍布全国32个省市、自治区。

2005年，昱竹主导创办了青少年心智成长系统，支持14~18岁的青少年建立起内在的平衡，有意识、负责任于自己的成长。

2008年，创建CS企业领袖心智成长系统，支持企业领袖建立起教练意识和系统化思维，建构有理想、有章法的企业成长系统。

2013年，创建PLC专业执业教练成长系统，培养心智成长教练，通过指引和疗愈，服务于个人和企业团队的心智成长。

2017年4月，开设"昱竹说"公众号，每日音频和文字分享，每周更新5~6条，至今没有间断，服务学员和感兴趣于心智成长的伙伴。

2020年，开设线上课程，分为"个人心智""家庭心智""组织心智"三大系统。其中，"家庭心智"就包括亲子关系、亲密关系的系列课程；这本书的内容，也是以线上课程和学员案例为基础的。

2022年，开始"家庭学习力"项目，将心智成长的原理转化为家庭教育的系统和工具，以服务孩子和教育者们共同成长。

目前昱竹的主要工作，
是教育项目和企业领袖教练，
有线下、线上课程和个案咨询。

同时，培养专业导师和教练团队，
支持更多人成为心智成长的服务者。

并通过分享与传播，
支持每个人了解自己的"内在世界"，
从而有意识地玩儿赢"外在世界"的挑战，
活出每个人独特的智慧与力量，
建立起爱、连接与创造的共鸣。

关注公众号
可领取书中
彩绘图 ▶

作者公众号

作者视频号

图书在版编目（CIP）数据

成为教练型父母 / 钱昱竹著 . -- 北京：
中国青年出版社 , 2022.10（2023.4 重印）
ISBN 978-7-5153-6777-4

Ⅰ.①成⋯　Ⅱ.①钱⋯　Ⅲ.①亲子教育　Ⅳ.① G781

中国版本图书馆 CIP 数据核字 (2022) 第 183566 号

成为教练型父母

作　　者：钱昱竹
插图作者：李诣珺
责任编辑：吕娜　王超群
书籍设计：瞿中华
出版发行：中国青年出版社
社　　址：北京市东城区东四十二条 21 号
网　　址：www.cyp.com.cn
经　　销：新华书店
印　　刷：三河市万龙印装有限公司
规　　格：787mm×1092mm　1/32
印　　张：9.625
字　　数：200 千字
版　　次：2023 年 3 月北京第 1 版
印　　次：2023 年 4 月河北第 2 次印刷
定　　价：79.00 元
如有印装质量问题，请凭购书发票与质检部联系调换
联系电话：010-65050585